French Short Stories

Captivating Stories to Learn French & Expand Your Vocabulary the Easy Way

- With the L-R-Method

French - English Parallel Text

by

Edgar Allan Poe

French Translation
Charles Baudelaire

See the end of the book for information on a free audiobook and other bonus material.

Impressum:

Englisches Original: Edgar Allan Poe

Französische Übersetzung: Charles Baudelaire

Der Originaltext und die Übersetzung sind gemeinfrei. Die Rechte für die zweisprachigen Ausgabe und der einleitenden Kapitel liegen bei:

Beate Ziebell, Schillerstr.94, 15738 Zeuthen

forum-sprachen-lernen.com

info@forum-sprachen-lernen.com

Herstellung und Druck: Siehe Eindruck auf der letzten Seite

ISBN: 9781719832717

Umschlaggestaltung: Beate Ziebell

Introduction

About the creation of these books

A few years ago, I became passionately interested in learning Italian and later French. I was already fluent in English (as a native German speaker), but despite many years of school lessons, I failed in my attempt to learn Russian. Yet even a language as close to German as English, however, I had only really learned after completing school.

With a demanding job and being a single mother, spending hours at school wasn't an option. Moreover, I had also had negative experiences in school in this respect, of course. My son was learning English and French at school. I wanted to convey the experience of speaking a foreign language as being an enrichment. This skill is not only indispensable for careers today, but also opens doors to other cultures!

I was short on time but highly motivated to tackle the problem. There had to be another way of learning languages! One that was easier, faster, more sustainable. How do the best in this field manage to succeed in learning a foreign language, anyway?

These people usually practice quite a "normal" profession and still manage to learn a lot of languages on the side. They don't have much time to learn the foreign language, unlike someone who is dealing with it all day due to their job or even studying the language (such as English). I wanted to learn more about their methods.

One of these methods is the L-R method, which I will describe in greater detail later in the book. I made my first attempts to implement this method when I was looking to support my son learning English. We love the Star Trek series. I turned on the subtitles while watching it and wrote down some lines of dialog. At the same time, I recorded the soundtrack on (back then) a cassette. As a follow-up, we'd always listen to Star Trek at breakfast time. It was great for the learning process – we knew the storyline, my son loved the show and due to the repetitions on the cassette we soon had learned many passages by heart. However, over time, writing down the subtitles proved to be too time-consuming a task in the long run.

I wanted to use the same procedure in French, but in this case, it worked less well. The reason for this was that the French subtitles had very little to do with the spoken French dubbing. You can express the same thing in two very different ways; at least this was the case with the series we tried it with.

And that's how the idea for these books came about. The goal was to identify an exciting text, provide the suitable translation and an audiobook so that the spoken and written word match precisely. What's more, the text and translation should be combined in such a way that the translation can be located particularly quickly. We ultimately ended up listening to "The Red-Headed League", a Sherlock Holmes story. We love Sir Arthur Conan Doyle's language and although it's now several years ago, we still know some passages by heart.

This book is thus the result of our journey in search of good learning material and the right methods for learning languages.

Get ready to be taken into the world of Edgar Allan Poe, learn French at the same time and benefit from the tricks of the best in this field!

Table of Contents

Dear readers!

This book can be used in many ways. On the one hand, you can sit back and relax, read French and, from time to time, let your eyes wander to the translation and brush up your French this way. In this case, you can skip the upcoming chapters about tips for quickly building up your vocabulary, the L-R method and those with many more tips.

Alternately, you can first get an initial overview of the proposed learning methods for effective language learning and the variety of bonus material offered with this book. Try the techniques! You'll be surprised how quickly your reading and listening skills will improve!

What is the quickest way to develop vocabulary?

The L-R Method

As mentioned in the introduction, in order to learn a language, you don't need much more than an interesting text, an easily identifiable suitable translation and an audiobook to learn a language.

Some people who use this method

In her book "How I Learn Languages", Kató Lomp,[1] a Hungarian translator and interpreter who was fluent in 16 languages, described how she quickly expanded her vocabulary by reading foreign-language texts. She didn't even use bilingual editions but translated unfamiliar words using a dictionary.

Phi-Staszek, a Polish multilinguist, improved this method and in the forum "How Do I Learn Any Language" described how you can learn a foreign language within a very short amount of time by only using a bilingual text and an audio recording. He referred to this method as the "L-R method". L-R stands for "Listening-Reading".

---

1   https://de.wikipedia.org/wiki/Kató_Lomb

The American linguist Stephen Krashen[2] describes **extensive reading[3] as the most effective means of language acquisition** and published many articles on the subject. Extensive reading means a lot of reading in a foreign language. With this method, it's not important to understand every word, but to follow the story and find out what happens next. The enjoyment of reading is paramount.

The Oxford University Press ELT also published an article on this topic. It showed that EFL[4] students who **read** a lot do not only learn to read a foreign language **fluently**, but also improve their writing skills in the respective language. According to the study, extensive reading also led to **improved listening skills** and even to a **better active vocabulary**, meaning better speaking skills in the foreign language.

All good reasons for embracing extensive reading and the L-R method!

A practical approach to the L-R method

If an audiobook exists, extensive reading can be more effectively applied to learn a foreign language with the L-R method. Here is the approach for how to learn a great deal within as little time as possible:

1. **First, read the translation** to familiarise yourself with the content of the text. Depending on previous knowledge, this can be one page or maybe even several pages.
2. **Next, listen to the book version and read it in French** at the same time. Try to understand every word and read at the same time. If you can understand everything and read along easily, you can move on to point
3. **Listening without reading**. Maybe even close your eyes. Can you still understand everything? If so, then you can move on to point 4. If not, briefly stop at the places you do not yet understand and look up the unfamiliar word.
4. **Now that you understand the text blindly**, you can **switch to passive listening**. Take the audiobook and listen to it again and again. Set your MP3 player to "repeat indefinitely". It won't hurt to

---

2   https://de.wikipedia.org/wiki/Stephen_Krashen
3   https://oupeltglobalblog.com/2017/01/11/extensive-reading-and-language-learning/
4   EFL= English as a Foreign Language

listen to the whole story over and over again. Then you have already prepared yourself for the next sections and will be faster at points 1 to 3. You will notice that you will soon know many sentences of the text by heart.

Why does the method work?

The amount of text

By reading extensively, you will learn a vast amount of French vocabulary, a plethora of sentence constructions and also, indirectly, about grammar.

Here's an example: Suppose you divide the book "The Red-Headed League" into 30 sections (one section accounts for about 1.5 pages or two minutes of the audiobook). The process of actively going through a part, i.e. the time you actually spend on working out the text with the help of book and audiobook (points 1 to 3 of the L-R method), will not take much longer than 20 minutes (this may take a little longer if there is little or no previous knowledge).

With the commitment of 20 minutes a day, you've worked your way through the entire vocabulary of the Sherlock Holmes story after 30 days, and that's about 1800 different words! Reading can only be learned by reading and this also applies to reading a foreign language. The audiobook contributes to the improvement of listening comprehension and pronunciation.

The layout of the text

By allocating the foreign language to the translation sentence by sentence, the meaning of unknown words can be grasped particularly quickly.

Start the learning with the most common words

Did you know that with the 1000 most-used words[5] of a language you can already understand 76 per cent of a novel's content and about 90 per cent of the spoken language? This was the result of a study by Mark Davies[6]. The percentage varies somewhat from one language to another, but it's an encouraging trend nevertheless. Encouraging because, as shown above, 1000 words can be learned quite fast. This then allows you to move on to content that suits your interests sooner. The meaning of many other words then become apparent from the context without you needing a dictionary.

For this purpose, this book offers a free Anki[7] deck as bonus material for learning the most important French words from various subject areas. Anki is software that is used for the acquisition of vocabulary and other facts. It's free, except for iPhones (it costs about 20 euros to use it on an iPhone). Anki uses its temporal repetition algorithm to ensure that the vocabulary is increasingly anchored in the long-term memory. The "Anki deck" is the name of the different facts to be learned.

Tips for using the Anki deck:

- Learn whole sentences.
- Focus on understanding the word in context (meaning, focus on the extension of the passive vocabulary).
- Take advantage of every opportunity to learn, for example when queuing or commuting to work.

Why learn whole sentences?

A single word can have many meanings. Mark Twain formulated this very aptly in his book "The Awful German Language" with the help of the word "Zug":
Zug: Strictly speaking, "Zug" means: jerk, tug, air flow, procession, march, advance, birds' flight, direction, campaign, railroad, caravan, etc. The real

---

5   http://www.lingref.com/cpp/hls/7/paper1091.pdf
6   http://howlearnspanish.com/2010/08/how-many-words-do-you-need-to-know/
7   https://apps.ankiweb.net/

meaning of "Zug" can thus only be deducted through the context.

For this reason, the deck is not made up of individual terms, but mostly of entire sentences. To read the dialogues, a book in PDF format is available. In the book, there are also gaps to complete as well as their solutions to deepen the knowledge. The Foreign Service Institute created the dialogues. They were drafted for American diplomats who needed to get a handle on the respective country's language as quickly as possible before their stay abroad. If sentences aren't relevant to you, don't hesitate to delete them. Focus on the vocabulary that's important to you. The partially literal translation is particularly positive.

Why should you focus on passive learning?

Again, this is about the amount of vocabulary that you can learn. Adding a word to your passive vocabulary is much faster than adding it to the active vocabulary.

Thus, it's quite possible to increase one's passive vocabulary by a significant amount every day. In contrast, it would only be possible to expand the active vocabulary by a few terms. How much that precisely is, undoubtedly varies from one person to another.

As a general rule, however, the following applies: it is substantially easier to expand the passive vocabulary than it is to develop the active one. The higher the passive vocabulary, the more quickly, and more comprehensively you will be able to read other content. The more time you spend with the foreign language, the greater the extent of your automatic active vocabulary improvement will be. And with this method, you'll do so even faster!

The Fall of the House of Usher - La Chute de la Maison Usher

Son coeur est un luth suspendu;
Sitot qu'on le touche il resonne.
DE BERANGER.

During the whole of a dull, dark, and soundless day in the autumn of the year, when the clouds hung oppressively low in the heavens, I had been passing alone, on horseback, through a singularly dreary tract of country;

and at length found myself, as the shades of the evening drew on, within view of the melancholy House of Usher.

I know not how it was--but, with the first glimpse of the building, a sense of insufferable gloom pervaded my spirit.

I say insufferable; for the feeling was unrelieved by any of that half-pleasureable, because poetic, sentiment, with which the mind usually receives even the sternest natural images of the desolate or terrible.

I looked upon the scene before me--upon the mere house, and the simple landscape features of the domain--upon the bleak walls--

upon the vacant eye-like windows--upon a few rank sedges--and upon a few white trunks of decayed trees--

with an utter depression of soul which I can compare to no earthly sensation more properly than to the after-dream of the reveller upon opium--the bitter lapse into everyday life--the hideous dropping off of the veil.

Son cœur est un luth suspendu;
Sitôt qu'on le touche, il résonne.
DE BÉRANGER.

Pendant toute une journée d'automne, journée fuligineuse, sombre et muette, où les nuages pesaient lourds et bas dans le ciel, j'avais traversé seul et à cheval une étendue de pays singulièrement lugubre,

et enfin, comme les ombres du soir approchaient, je me trouvai en vue de la mélancolique Maison Usher.

Je ne sais comment cela se fit,—mais, au premier coup d'œil que je jetai sur le bâtiment, un sentiment d'insupportable tristesse pénétra mon âme.

Je dis insupportable, car cette tristesse n'était nullement tempérée par une parcelle de ce sentiment dont l'essence poétique fait presque une volupté, et dont l'âme est généralement saisie en face des images naturelles les plus sombres de la désolation et de la terreur.

Je regardais le tableau placé devant moi, et, rien qu'à voir la maison et la perspective caractéristique de ce domaine,—les murs qui avaient froid,—

les fenêtres semblables à des yeux distraits,—quelques bouquets de joncs vigoureux,—quelques troncs d'arbres blancs et dépéris,—

j'éprouvais cet entier affaissement d'âme qui, parmi les sensations terrestres, ne peut se mieux comparer qu'à l'arrière-rêverie du mangeur d'opium,—à son navrant retour à la vie journalière,—à l'horrible et lente retraite du voile.

There was an iciness, a sinking, a sickening of the heart--an unredeemed dreariness of thought which no goading of the imagination could torture into aught of the sublime.

What was it--I paused to think--what was it that so unnerved me in the contemplation of the House of Usher?

It was a mystery all insoluble; nor could I grapple with the shadowy fancies that crowded upon me as I pondered.

I was forced to fall back upon the unsatisfactory conclusion,

that while, beyond doubt, there are combinations of very simple natural objects which have the power of thus affecting us, still the analysis of this power lies among considerations beyond our depth.

It was possible, I reflected, that a mere different arrangement of the particulars of the scene, of the details of the picture, would be sufficient to modify, or perhaps to annihilate its capacity for sorrowful impression; and,

acting upon this idea, I reined my horse to the precipitous brink of a black and lurid tarn that lay in unruffled lustre by the dwelling, and gazed down--

but with a shudder even more thrilling than before--upon the remodelled and inverted images of the grey sedge, and the ghastly tree-stems, and the vacant and eye-like windows.

Nevertheless, in this mansion of gloom I now proposed to myself a sojourn of some weeks.

Its proprietor, Roderick Usher, had been one of my boon companions in boyhood; but many years had elapsed since our last

C'était une glace au cœur, un abattement, un malaise,—une irrémédiable tristesse de pensée qu'aucun aiguillon de l'imagination ne pouvait raviver ni pousser au grand.

Qu'était donc,—je m'arrêtai pour y penser,—qu'était donc ce je ne sais quoi qui m'énervait ainsi en contemplant la Maison Usher?

C'était un mystère tout à fait insoluble, et je ne pouvais pas lutter contre les pensées ténébreuses qui s'amoncelaient sur moi pendant que j'y réfléchissais.

Je fus forcé de me rejeter dans cette conclusion peu satisfaisante,

qu'il existe des combinaisons d'objets naturels très-simples qui ont la puissance de nous affecter de cette sorte, et que l'analyse de cette puissance gît dans des considérations où nous perdrions pied.

Il était possible, pensais-je, qu'une simple différence dans l'arrangement des matériaux de la décoration, des détails du tableau, suffît pour modifier, pour annihiler peut-être cette puissance d'impression douloureuse; et,

agissant d'après cette idée, je conduisis mon cheval vers le bord escarpé d'un noir et lugubre étang, qui, miroir immobile, s'étalait devant le bâtiment; et je regardai
—

mais avec un frisson plus pénétrant encore que la première fois—les images répercutées et renversées des joncs grisâtres, des troncs d'arbres sinistres, et des fenêtres semblables à des yeux sans pensée.

C'était néanmoins dans cet habitacle de mélancolie que je me proposais de séjourner pendant quelques semaines.

Son propriétaire, Roderick Usher, avait été l'un de mes bons camarades d'enfance; mais plusieurs années s'étaient

meeting.

A letter, however, had lately reached me in a distant part of the country--a letter from him--which, in its wildly importunate nature, had admitted of no other than a personal reply.

The MS gave evidence of nervous agitation.

The writer spoke of acute bodily illness--of a mental disorder which oppressed him--

and of an earnest desire to see me, as his best, and indeed his only personal friend, with a view of attempting, by the cheerfulness of my society, some alleviation of his malady.

It was the manner in which all this, and much more, was said--it was the apparent heart that went with his request--which allowed me no room for hesitation; and I accordingly obeyed forthwith what I still considered a very singular summons.

Although, as boys, we had been even intimate associates, yet I really knew little of my friend.

His reserve had been always excessive and habitual.

I was aware, however, that his very ancient family had been noted, time out of mind, for a peculiar sensibility of temperament, displaying itself, through long ages, in many works of exalted art,

and manifested, of late, in repeated deeds of munificent yet unobtrusive charity, as well as in a passionate devotion to the intricacies, perhaps even more than to the orthodox and easily recognisable beauties of musical science.

écoulées depuis notre dernière entrevue.

Une lettre cependant m'était parvenue récemment dans une partie lointaine du pays,—une lettre de lui,—dont la tournure follement pressante n'admettait pas d'autre réponse que ma présence même.

L'écriture portait la trace d'une agitation nerveuse.

L'auteur de cette lettre me parlait d'une maladie physique aiguë,—d'une affection mentale qui l'oppressait,—

et d'un ardent désir de me voir, comme étant son meilleur et véritablement son seul ami,—espérant trouver dans la joie de ma société quelque soulagement à son mal.

C'était le ton dans lequel toutes ces choses et bien d'autres encore étaient dites,—c'était cette ouverture d'un cœur suppliant, qui ne me permettaient pas l'hésitation; en conséquence, j'obéis immédiatement à ce que je considérais toutefois comme une invitation des plus singulières.

Quoique dans notre enfance nous eussions été camarades intimes, en réalité, je ne savais pourtant que fort peu de chose de mon ami.

Une réserve excessive avait toujours été dans ses habitudes.

Je savais toutefois qu'il appartenait à une famille très-ancienne qui s'était distinguée depuis un temps immémorial par une sensibilité particulière de tempérament. Cette sensibilité s'était déployée, à travers les âges, dans de nombreux ouvrages d'un art supérieur

et s'était manifestée, de vieille date, par les actes répétés d'une charité aussi large que discrète, ainsi que par un amour passionné pour les difficultés plutôt peut-être que pour les beautés orthodoxes, toujours si facilement reconnaissables, de

I had learned, too, the very remarkable fact, that the stem of the Usher race, all time-honoured as it was, had put forth, at no period, any enduring branch; in other words, that the entire family lay in the direct line of descent, and had always, with very trifling and very temporary variation, so lain.

It was this deficiency, I considered, while running over in thought the perfect keeping of the character of the premises with the accredited character of the people, and while speculating upon the possible influence which the one, in the long lapse of centuries, might have exercised upon the other--

it was this deficiency, perhaps, of collateral issue, and the consequent undeviating transmission, from sire to son, of the patrimony with the name, which had, at length, so identified the two as to merge the original title of the estate in the quaint and equivocal appellation of the "House of Usher"--

an appellation which seemed to include, in the minds of the peasantry who used it, both the family and the family mansion.

I have said that the sole effect of my somewhat childish experiment--that of looking down within the tarn--had been to deepen the first singular impression.

There can be no doubt that the consciousness of the rapid increase of my superstition--for why should I not so term it?--served mainly to accelerate the increase itself.

Such, I have long known, is the paradoxical law of all sentiments having terror as a basis.

And it might have been for this reason only, that, when I again uplifted my eyes to the house itself, from its image in the

la science musicale.

J'avais appris aussi ce fait très-remarquable que la souche de la race d'Usher, si glorieusement ancienne qu'elle fût, n'avait jamais, à aucune époque, poussé de branche durable; en d'autres termes, que la famille entière ne s'était perpétuée qu'en ligne directe, à quelques exceptions près, très-insignifiantes et très-passagères.

C'était cette absence,—pensai-je, tout en rêvant au parfait accord entre le caractère des lieux et le caractère proverbial de la race, et en réfléchissant à l'influence que dans une longue suite de siècles l'un pouvait avoir exercée sur l'autre,—

c'était peut-être cette absence de branche collatérale et de transmission constante de père en fils du patrimoine et du nom qui avaient à la longue si bien identifié les deux, que le nom primitif du domaine s'était fondu dans la bizarre et équivoque appellation de Maison Usher,—

appellation usitée parmi les paysans, et qui semblait, dans leur esprit, enfermer la famille et l'habitation de famille.

J'ai dit que le seul effet de mon expérience quelque peu puérile,—c'est-à-dire d'avoir regardé dans l'étang,—avait été de rendre plus profonde ma première et si singulière impression.

Je ne dois pas douter que la conscience de ma superstition croissante—pourquoi ne la définirais-je pas ainsi?—n'ait principalement contribué à accélérer cet accroissement.

Telle est, je le savais de vieille date, la loi paradoxale de tous les sentiments qui ont la terreur pour base.

Et ce fut peut-être l'unique raison qui fit que, quand mes yeux, laissant l'image dans l'étang, se relevèrent vers la maison

pool, there grew in my mind a strange fancy--

a fancy so ridiculous, indeed, that I but mention it to show the vivid force of the sensations which oppressed me.

I had so worked upon my imagination as really to believe that about the whole mansion and domain there hung an atmosphere peculiar to themselves and their immediate vicinity--

an atmosphere which had no affinity with the air of heaven, but which had reeked up from the decayed trees, and the grey wall, and the silent tarn--a pestilent and mystic vapour, dull, sluggish, faintly discernible, and leaden-hued.

Shaking off from my spirit what must have been a dream, I scanned more narrowly the real aspect of the building.

Its principal feature seemed to be that of an excessive antiquity.

The discoloration of ages had been great.

Minute fungi overspread the whole exterior, hanging in a fine tangled web-work from the eaves.

Yet all this was apart from any extraordinary dilapidation.

No portion of the masonry had fallen; and there appeared to be a wild inconsistency between its still perfect adaptation of parts, and the crumbling condition of the individual stones.

In this there was much that reminded me of the specious totality of old wood-work which has rotted for long years in some neglected vault, with no disturbance from the breath of the external air.

Beyond this indication of extensive decay, however, the fabric gave little

elle-même, une étrange idée me poussa dans l'esprit,—

une idée si ridicule, en vérité, que, si j'en fais mention, c'est seulement pour montrer la force vive des sensations qui m'oppressaient.

Mon imagination avait si bien travaillé, que je croyais réellement qu'autour de l'habitation et du domaine planait une atmosphère qui lui était particulière, ainsi qu'aux environs les plus proches,—

une atmosphère qui n'avait pas d'affinité avec l'air du ciel, mais qui s'exhalait des arbres dépéris, des murailles grisâtres et de l'étang silencieux,—une vapeur mystérieuse et pestilentielle, à peine visible, lourde, paresseuse et d'une couleur plombée.

Je secouai de mon esprit ce qui ne pouvait être qu'un rêve, et j'examinai avec plus d'attention l'aspect réel du bâtiment.

Son caractère dominant semblait être celui d'une excessive antiquité.

La décoloration produite par les siècles était grande.

De menues fongosités recouvraient toute la face extérieure et la tapissaient, à partir du toit, comme une fine étoffe curieusement brodée.

Mais tout cela n'impliquait aucune détérioration extraordinaire.

Aucune partie de la maçonnerie n'était tombée, et il semblait qu'il y eût une contradiction étrange entre la consistance générale intacte de toutes ses parties et l'état particulier des pierres émiettées,

qui me rappelaient complètement la spécieuse intégrité de ces vieilles boiseries qu'on a laissées longtemps pourrir dans quelque cave oubliée, loin du souffle de l'air extérieur.

À part cet indice d'un vaste délabrement, l'édifice ne donnait aucun symptôme de

token of instability.

Perhaps the eye of a scrutinizing observer might have discovered a barely perceptible fissure, which, extending from the roof of the building in front, made its way down the wall in a zigzag direction, until it became lost in the sullen waters of the tarn.

Noticing these things, I rode over a short causeway to the house.

A servant in waiting took my horse, and I entered the Gothic archway of the hall.

A valet, of stealthy step, thence conducted me, in silence, through many dark and intricate passages in my progress to the studio of his master.

Much that I encountered on the way contributed, I know not how, to heighten the vague sentiments of which I have already spoken.

While the objects around me--while the carvings of the ceilings, the sombre tapestries of the walls, the ebon blackness of the floors, and the phantasmagoric armorial trophies which rattled as I strode,

were but matters to which, or to such as which, I had been accustomed from my infancy--while I hesitated not to acknowledge how familiar was all this--I still wondered to find how unfamiliar were the fancies which ordinary images were stirring up.

On one of the staircases, I met the physician of the family.

His countenance, I thought, wore a mingled expression of low cunning and perplexity.

He accosted me with trepidation and passed on.

The valet now threw open a door and

fragilité.

Peut-être l'œil d'un observateur minutieux aurait-il découvert une fissure à peine visible, qui, partant du toit de la façade, se frayait une route en zigzag à travers le mur et allait se perdre dans les eaux funestes de l'étang.

Tout en remarquant ces détails, je suivis à cheval une courte chaussée qui me menait à la maison.

Un valet de chambre prit mon cheval, et j'entrai sous la voûte gothique du vestibule.

Un domestique, au pas furtif, me conduisit en silence à travers maint passage obscur et compliqué vers le cabinet de son maître.

Bien des choses que je rencontrai dans cette promenade contribuèrent, je ne sais comment, à renforcer les sensations vagues dont j'ai déjà parlé.

Les objets qui m'entouraient—les sculptures des plafonds, les sombres tapisseries des murs, la noirceur d'ébène des parquets et les fantasmagoriques trophées armoriaux qui bruissaient, ébranlés par ma marche précipitée, étaient choses bien connues de moi.

Mon enfance avait été accoutumée à des spectacles analogues,—et, quoique je les reconnusse sans hésitation pour des choses qui m'étaient familières, j'admirais quelles pensées insolites ces images ordinaires évoquaient en moi.

Sur l'un des escaliers, je rencontrai le médecin de la famille.

Sa physionomie, à ce qu'il me sembla, portait une expression mêlée de malignité basse et de perplexité.

Il me croisa précipitamment et passa.

Le domestique ouvrit alors une porte et

ushered me into the presence of his master.

The room in which I found myself was very large and lofty.

The windows were long, narrow, and pointed, and at so vast a distance from the black oaken floor as to be altogether inaccessible from within.

Feeble gleams of encrimsoned light made their way through the trellised panes, and served to render sufficiently distinct the more prominent objects around; the eye, however, struggled in vain to reach the remoter angles of the chamber, or the recesses of the vaulted and fretted ceiling.

Dark draperies hung upon the walls.

The general furniture was profuse, comfortless, antique, and tattered.

Many books and musical instruments lay scattered about, but failed to give any vitality to the scene.

I felt that I breathed an atmosphere of sorrow.

An air of stern, deep, and irredeemable gloom hung over and pervaded all.

Upon my entrance, Usher rose from a sofa on which he had been lying at full length, and greeted me with a vivacious warmth which had much in it, I at first thought, of an overdone cordiality--of the constrained effort of the ennuye man of the world.

A glance, however, at his countenance, convinced me of his perfect sincerity.

We sat down; and for some moments, while he spoke not, I gazed upon him with a feeling half of pity, half of awe.

---

m'introduisit en présence de son maître.

La chambre dans laquelle je me trouvai était très-grande et très-haute;

les fenêtres, longues, étroites, et à une telle distance du noir plancher de chêne, qu'il était absolument impossible d'y atteindre.

De faibles rayons d'une lumière cramoisie se frayaient un chemin à travers les carreaux treillissés, et rendaient suffisamment distincts les principaux objets environnants; l'œil néanmoins s'efforçait en vain d'atteindre les angles lointains de la chambre ou les enfoncements du plafond arrondi en voûte et sculpté.

De sombres draperies tapissaient les murs.

L'ameublement général était extravagant, incommode, antique et délabré.

Une masse de livres et d'instruments de musique gisait éparpillée çà et là, mais ne suffisait pas à donner une vitalité quelconque au tableau.

Je sentais que je respirais une atmosphère de chagrin.

Un air de mélancolie âpre, profonde, incurable, planait sur tout et pénétrait tout.

À mon entrée, Usher se leva d'un canapé sur lequel il était couché tout de son long et m'accueillit avec une chaleureuse vivacité, qui ressemblait fort,—telle fut, du moins, ma première pensée,—à une cordialité emphatique,—à l'effort d'un homme du monde ennuyé, qui obéit à une circonstance.

Néanmoins, un coup d'œil jeté sur sa physionomie me convainquit de sa parfaite sincérité.

Nous nous assîmes, et, pendant quelques moments, comme il restait muet, je le contemplai avec un sentiment moitié de

Surely, man had never before so terribly altered, in so brief a period, as had Roderick Usher!

It was with difficulty that I could bring myself to admit the identity of the wan being before me with the companion of my early boyhood.

Yet the character of his face had been at all times remarkable.

A cadaverousness of complexion; an eye large, liquid, and luminous beyond comparison; lips somewhat thin and very pallid, but of a surpassingly beautiful curve; a nose of a delicate Hebrew model, but with a breadth of nostril unusual in similar formations;

a finely-moulded chin, speaking, in its want of prominence, of a want of moral energy; hair of a more than web-like softness and tenuity;

these features, with an inordinate expansion above the regions of the temple, made up altogether a countenance not easily to be forgotten.

And now in the mere exaggeration of the prevailing character of these features, and of the expression they were wont to convey, lay so much of change that I doubted to whom I spoke.

The now ghastly pallor of the skin, and the now miraculous lustre of the eye, above all things startled and even awed me.

The silken hair, too, had been suffered to grow all unheeded, and as, in its wild gossamer texture, it floated rather than fell about the face, I could not, even with effort, connect its Arabesque expression with any idea of simple humanity.

pitié et moitié d'effroi.

À coup sûr, jamais homme n'avait aussi terriblement changé, et en aussi peu de temps, que Roderick Usher!

Ce n'était qu'avec peine que je pouvais consentir à admettre l'identité de l'homme placé en face de moi avec le compagnon de mes premières années.

Le caractère de sa physionomie avait toujours été remarquable.

Un teint cadavéreux,—un œil large, liquide et lumineux au delà de toute comparaison,—des lèvres un peu minces et très-pâles, mais d'une courbe merveilleusement belle,—un nez d'un moule hébraïque, très-délicat, mais d'une ampleur de narines qui s'accorde rarement avec une pareille forme,—

un menton d'un modèle charmant, mais qui, par un manque de saillie, trahissait un manque d'énergie morale,—des cheveux d'une douceur et d'une ténuité plus qu'arachnéennes,—

tous ces traits, auxquels il faut ajouter un développement frontal excessif, lui faisaient une physionomie qu'il n'était pas facile d'oublier.

Mais actuellement, dans la simple exagération du caractère de cette figure et de l'expression qu'elle présentait habituellement, il y avait un tel changement, que je doutais de l'homme à qui je parlais.

La pâleur maintenant spectrale de la peau et l'éclat maintenant miraculeux de l'œil me saisissaient particulièrement et m'épouvantaient.

Puis il avait laissé croître indéfiniment ses cheveux sans s'en apercevoir, et, comme cet étrange tourbillon aranéeux flottait plutôt qu'il ne tombait autour de sa face, je ne pouvais, même avec de la bonne volonté, trouver dans leur étonnant style arabesque rien qui rappelât la

In the manner of my friend I was at once struck with an incoherence--an inconsistency;

and I soon found this to arise from a series of feeble and futile struggles to overcome an habitual trepidancy--an excessive nervous agitation.

For something of this nature I had indeed been prepared, no less by his letter, than by reminiscences of certain boyish traits, and by conclusions deduced from his peculiar physical conformation and temperament.

His action was alternately vivacious and sullen.

His voice varied rapidly from a tremulous indecision (when the animal spirits seemed utterly in abeyance) to that species of energetic concision--that abrupt, weighty, unhurried, and hollow-sounding enunciation--

that leaden, self-balanced and perfectly modulated guttural utterance, which may be observed in the lost drunkard, or the irreclaimable eater of opium, during the periods of his most intense excitement.

It was thus that he spoke of the object of my visit, of his earnest desire to see me, and of the solace he expected me to afford him.

He entered, at some length, into what he conceived to be the nature of his malady.

It was, he said, a constitutional and a family evil, and one for which he despaired to find a remedy--a mere nervous affection, he immediately added, which would undoubtedly soon pass off.

It displayed itself in a host of unnatural sensations.

Je fus tout d'abord frappé d'une certaine incohérence,—d'une inconsistance dans les manières de mon ami,—

et je découvris bientôt que cela provenait d'un effort incessant, aussi faible que puéril, pour maîtriser une trépidation habituelle,—une excessive agitation nerveuse.

Je m'attendais bien à quelque chose dans ce genre, et j'y avais été préparé non-seulement par sa lettre, mais aussi par le souvenir de certains traits de son enfance, et par des conclusions déduites de sa singulière conformation physique et de son tempérament.

Son action était alternativement vive et indolente.

Sa voix passait rapidement d'une indécision tremblante,—quand les esprits vitaux semblaient entièrement absents,—à cette espèce de brièveté énergique,—à cette énonciation abrupte, solide, pausée et sonnant le creux,—

à ce parler guttural et rude, parfaitement balancé et modulé, qu'on peut observer chez le parfait ivrogne ou l'incorrigible mangeur d'opium pendant les périodes de leur plus intense excitation.

Ce fut dans ce ton qu'il parla de l'objet de ma visite, de son ardent désir de me voir, et de la consolation qu'il attendait de moi.

Il s'étendit assez longuement et s'expliqua à sa manière sur le caractère de sa maladie.

C'était, disait-il, un mal de famille, un mal constitutionnel, un mal pour lequel il désespérait de trouver un remède,—une simple affection nerveuse,—ajouta-t-il immédiatement,—dont, sans doute, il serait bientôt délivré.

Elle se manifestait par une foule de sensations extranaturelles.

Some of these, as he detailed them, interested and bewildered me; although, perhaps, the terms, and the general manner of the narration had their weight.

Quelques-unes, pendant qu'il me les décrivait, m'intéressèrent et me confondirent; il se peut cependant que les termes et le ton de son débit y aient été pour beaucoup.

He suffered much from a morbid acuteness of the senses; the most insipid food was alone endurable; he could wear only garments of certain texture;

Il souffrait vivement d'une acuité morbide des sens; les aliments les plus simples étaient pour lui les seuls tolérables; il ne pouvait porter, en fait de vêtement, que certains tissus;

the odours of all flowers were oppressive; his eyes were tortured by even a faint light; and there were but peculiar sounds, and these from stringed instruments, which did not inspire him with horror.

toutes les odeurs de fleurs le suffoquaient; une lumière, même faible, lui torturait les yeux; et il n'y avait que quelques sons particuliers, c'est-à-dire ceux des instruments à cordes, qui ne lui inspirassent pas d'horreur.

To an anomalous species of terror I found him a bounden slave.

Je vis qu'il était l'esclave subjugué d'une espèce de terreur tout à fait anormale.

"I shall perish," said he, "I must perish in this deplorable folly.

—Je mourrai,—dit-il,—il faut que je meure de cette déplorable folie.

Thus, thus, and not otherwise, shall I be lost.

C'est ainsi, ainsi, et non pas autrement, que je périrai.

I dread the events of the future, not in themselves, but in their results.

Je redoute les événements à venir, non en eux-mêmes, mais dans leurs résultats.

I shudder at the thought of any, even the most trivial, incident, which may operate upon this intolerable agitation of soul.

Je frissonne à la pensée d'un incident quelconque, du genre le plus vulgaire, qui peut opérer sur cette intolérable agitation de mon âme.

I have, indeed, no abhorrence of danger, except in its absolute effect--in terror.

Je n'ai vraiment pas horreur du danger, excepté dans son effet positif,—la terreur.

In this unnerved--in this pitiable condition--I feel that the period will sooner or later arrive when I must abandon life and reason together, in some struggle with the grim phantasm, FEAR."

Dans cet état d'énervation,—état pitoyable,—je sens que tôt ou tard le moment viendra où la vie et la raison m'abandonneront à la fois, dans quelque lutte inégale avec le sinistre fantôme,—LA PEUR!

I learned, moreover, at intervals, and through broken and equivocal hints, another singular feature of his mental condition.

J'appris aussi, par intervalles, et par des confidences hachées, des demi-mots et des sous-entendus, une autre particularité de sa situation morale.

He was enchained by certain superstitious impressions in regard to the dwelling which he tenanted,

Il était dominé par certaines impressions superstitieuses relatives au manoir qu'il habitait,

and whence, for many years, he had never ventured forth--in regard to an influence whose supposititious force was conveyed in terms too shadowy here to be re-stated--

an influence which some peculiarities in the mere form and substance of his family mansion, had, by dint of long sufferance, he said, obtained over his spirit--

an effect which the physique of the grey walls and turrets, and of the dim tarn into which they all looked down, had, at length, brought about upon the morale of his existence.

He admitted, however, although with hesitation, that much of the peculiar gloom which thus afflicted him could be traced to a more natural and far more palpable origin--to the severe and long-continued illness--

indeed to the evidently approaching dissolution--of a tenderly beloved sister-- his sole companion for long years--his last and only relative on earth.

"Her decease," he said, with a bitterness which I can never forget, "would leave him (him the hopeless and the frail) the last of the ancient race of the Ushers."

While he spoke, the lady Madeline (for so was she called) passed slowly through a remote portion of the apartment, and, without having noticed my presence, disappeared.

I regarded her with an utter astonishment not unmingled with dread--and yet I found it impossible to account for such feelings.

A sensation of stupor oppressed me, as my eyes followed her retreating steps.

When a door, at length, closed upon her, my glance sought instinctively and eagerly the countenance of the brother--

et d'où il n'avait pas osé sortir depuis plusieurs années,—relatives à une influence dont il traduisait la force supposée en des termes trop ténébreux pour être rapportés ici,—

une influence que quelques particularités dans la forme même et dans la matière du manoir héréditaire avaient, par l'usage de la souffrance, disait-il, imprimée sur son esprit,—

un effet que le physique des murs gris, des tourelles et de l'étang noirâtre où se mirait tout le bâtiment, avait à la longue créé sur le moral de son existence.

Il admettait toutefois, mais non sans hésitation, qu'une bonne part de la mélancolie singulière dont il était affligé pouvait être attribuée à une origine plus naturelle et beaucoup plus positive,—à la maladie cruelle et déjà ancienne,—

enfin, à la mort évidemment prochaine d'une sœur tendrement aimée,—sa seule société depuis de longues années,—sa dernière et sa seule parente sur la terre.

Sa mort,—dit-il avec une amertume que je n'oublierai jamais,—me laissera,— moi, le frêle et le désespéré,—dernier de l'antique race des Usher.

Pendant qu'il parlait, lady Madeline,— c'est ainsi qu'elle se nommait,—passa lentement dans une partie reculée de la chambre, et disparut sans avoir pris garde à ma présence.

Je la regardai avec un immense étonnement, où se mêlait quelque terreur; mais il me sembla impossible de me rendre compte de mes sentiments.

Une sensation de stupeur m'oppressait, pendant que mes yeux suivaient ses pas qui s'éloignaient.

Lorsque enfin une porte se fut fermée sur elle, mon regard chercha instinctivement et curieusement la physionomie de son

but he had buried his face in his hands, and I could only perceive that a far more than ordinary wanness had overspread the emaciated fingers through which trickled many passionate tears.

The disease of the lady Madeline had long baffled the skill of her physicians.

A settled apathy, a gradual wasting away of the person, and frequent although transient affections of a partially cataleptical character, were the unusual diagnosis.

Hitherto she had steadily borne up against the pressure of her malady, and had not betaken herself finally to bed;

but, on the closing in of the evening of my arrival at the house, she succumbed (as her brother told me at night with inexpressible agitation) to the prostrating power of the destroyer;

and I learned that the glimpse I had obtained of her person would thus probably be the last I should obtain--that the lady, at least while living, would be seen by me no more.

For several days ensuing, her name was unmentioned by either Usher or myself: and during this period I was busied in earnest endeavours to alleviate the melancholy of my friend.

We painted and read together; or I listened, as if in a dream, to the wild improvisations of his speaking guitar.

And thus, as a closer and still closer intimacy admitted me more unreservedly into the recesses of his spirit,

the more bitterly did I perceive the futility of all attempt at cheering a mind from which darkness, as if an inherent positive quality, poured forth upon all

mais il avait plongé sa face dans ses mains, et je pus voir seulement qu'une pâleur plus qu'ordinaire s'était répandue sur les doigts amaigris, à travers lesquels filtrait une pluie de larmes passionnées.

La maladie de lady Madeline avait longtemps bafoué la science de ses médecins.

Une apathie fixe, un épuisement graduel de sa personne, et des crises fréquentes, quoique passagères, d'un caractère presque cataleptique, en étaient les diagnostics très-singuliers.

Jusque-là, elle avait bravement porté le poids de la maladie et ne s'était pas encore résignée à se mettre au lit;

mais, sur la fin du soir de mon arrivée au château, elle cédait—comme son frère me le dit dans la nuit avec une inexprimable agitation,—à la puissance écrasante du fléau,

et j'appris que le coup d'œil que j'avais jeté sur elle serait probablement le dernier,—que je ne verrais plus la dame, vivante du moins.

Pendant les quelques jours qui suivirent, son nom ne fut prononcé ni par Usher ni par moi; et durant cette période je m'épuisai en efforts pour alléger la mélancolie de mon ami.

Nous peignîmes et nous lûmes ensemble; ou bien j'écoutais, comme dans un rêve, ses étranges improvisations sur son éloquente guitare.

Et ainsi, à mesure qu'une intimité de plus en plus étroite m'ouvrait plus familièrement les profondeurs de son âme,

je reconnaissais plus amèrement la vanité de tous mes efforts pour ramener un esprit, d'où la nuit, comme une propriété qui lui aurait été inhérente, déversait sur

objects of the moral and physical universe, in one unceasing radiation of gloom.

tous les objets de l'univers physique et moral une irradiation incessante de ténèbres.

I shall ever bear about me a memory of the many solemn hours I thus spent alone with the master of the House of Usher.

Je garderai toujours le souvenir de maintes heures solennelles que j'ai passées seul avec le maître de la Maison Usher.

Yet I should fail in any attempt to convey an idea of the exact character of the studies, or of the occupations, in which he involved me, or led me the way.

Mais j'essaierais vainement de définir le caractère exact des études ou des occupations dans lesquelles il m'entraînait ou me montrait le chemin.

An excited and highly distempered ideality threw a sulphureous lustre over all. His long improvised dirges will ring for ever in my ears.

Une idéalité ardente, excessive, morbide, projetait sur toutes choses sa lumière sulfureuse. Ses longues et funèbres improvisations résonneront éternellement dans mes oreilles.

Among other things, I hold painfully in mind a certain singular perversion and amplification of the wild air of the last waltz of Von Weber.

Entre autres choses, je me rappelle douloureusement une certaine paraphrase singulière,—une perversion de l'air, déjà fort étrange, de la dernière valse de Von Weber.

From the paintings over which his elaborate fancy brooded, and which grew, touch by touch, into vagueness at which I shuddered the more thrillingly, because I shuddered knowing not why;--from these paintings (vivid as their images now are before me)

Quant aux peintures que couvait sa laborieuse fantaisie, et qui arrivaient, touche par touche, à un vague qui me donnait le frisson, un frisson d'autant plus pénétrant que je frissonnais sans savoir pourquoi,—quant à ces peintures, si vivantes pour moi, que j'ai encore leurs images dans mes yeux,—

I would in vain endeavour to educe more than a small portion which should lie within the compass of merely written words.

j'essaierais vainement d'en extraire un échantillon suffisant, qui pût tenir dans le compas de la parole écrite.

By the utter simplicity, by the nakedness of his designs, he arrested and overawed attention.

Par l'absolue simplicité, par la nudité de ses dessins, il arrêtait, il subjuguait l'attention.

If ever mortal painted an idea, that mortal was Roderick Usher.

Si jamais mortel peignit une idée, ce mortel fut Roderick Usher.

For me at least--in the circumstances then surrounding me--there arose out of the pure abstractions which the hypochondriac contrived to throw upon his canvas, an intensity of intolerable awe, no shadow of which felt I ever yet

Pour moi, du moins,—dans les circonstances qui m'entouraient,—il s'élevait, des pures abstractions que l'hypocondriaque s'ingéniait à jeter sur sa toile, une terreur intense, irrésistible, dont je n'ai jamais senti l'ombre dans la

in the contemplation of the certainly glowing yet too concrete reveries of Fuseli.

One of the phantasmagoric conceptions of my friend, partaking not so rigidly of the spirit of abstraction, may be shadowed forth, although feebly, in words.

A small picture presented the interior of an immensely long and rectangular vault or tunnel, with low walls, smooth, white, and without interruption or device.

Certain accessory points of the design served well to convey the idea that this excavation lay at an exceeding depth below the surface of the earth.

No outlet was observed in any portion of its vast extent, and no torch, or other artificial source of light was discernible; yet a flood of intense rays rolled throughout, and bathed the whole in a ghastly and inappropriate splendour.

I have just spoken of that morbid condition of the auditory nerve which rendered all music intolerable to the sufferer, with the exception of certain effects of stringed instruments.

It was, perhaps, the narrow limits to which he thus confined himself upon the guitar, which gave birth, in great measure, to the fantastic character of the performances.

But the fervid facility of his impromptus could not be so accounted for.

They must have been, and were, in the notes, as well as in the words of his wild fantasias (for he not unfrequently accompanied himself with rhymed verbal improvisations), the result of that intense mental collectedness and concentration to which I have previously alluded as

contemplation des rêveries de Fuseli lui-même, éclatantes sans doute, mais encore trop concrètes.

Il est une des conceptions fantasmagoriques de mon ami où l'esprit d'abstraction n'avait pas une part aussi exclusive, et qui peut être esquissée, quoique faiblement, par la parole.

C'était un petit tableau représentant l'intérieur d'une cave ou d'un souterrain immensément long, rectangulaire, avec des murs bas, polis, blancs, sans aucun ornement, sans aucune interruption.

Certains détails accessoires de la composition servaient à faire comprendre que cette galerie se trouvait à une profondeur excessive au-dessous de la surface de la terre.

On n'apercevait aucune issue dans son immense parcours; on ne distinguait aucune torche, aucune source artificielle de lumière; et cependant une effusion de rayons intenses roulait de l'un à l'autre bout et baignait le tout d'une splendeur fantastique et incompréhensible.

J'ai dit un mot de l'état morbide du nerf acoustique qui rendait pour le malheureux toute musique intolérable, excepté certains effets des instruments à cordes.

C'étaient peut-être les étroites limites dans lesquelles il avait confiné son talent sur la guitare qui avaient, en grande partie, imposé à ses compositions leur caractère fantastique.

Mais, quant à la brûlante facilité de ses improvisations, on ne pouvait s'en rendre compte de la même manière.

Il fallait évidemment qu'elles fussent et elles étaient, en effet, dans les notes aussi bien que dans les paroles de ses étranges fantaisies,—car il accompagnait souvent sa musique de paroles improvisées et rimées,—le résultat de cet intense recueillement et de cette concentration

observable only in particular moments of the highest artificial excitement.

The words of one of these rhapsodies I have easily remembered.

I was, perhaps, the more forcibly impressed with it, as he gave it, because, in the under or mystic current of its meaning, I fancied that I perceived, and for the first time, a full consciousness on the part of Usher, of the tottering of his lofty reason upon her throne.

The verses, which were entitled "The Haunted Palace," ran very nearly, if not accurately, thus:

I.

In the greenest of our valleys,
  By good angels tenanted,
Once a fair and stately palace--
  Radiant palace--reared its head.
In the monarch Thought's dominion--
  It stood there!
Never seraph spread a pinion
  Over fabric half so fair.

II.

Banners yellow, glorious, golden,
  On its roof did float and flow;
(This--all this--was in the olden
  Time long ago)
And every gentle air that dallied,
  In that sweet day,
Along the ramparts plumed and pallid,
  A winged odour went away.

III.

Wanderers in that happy valley
  Through two luminous windows saw
Spirits moving musically
  To a lute's well tuned law,
Round about a throne, where sitting
  (Porphyrogene!)
In state his glory well befitting,
  The ruler of the realm was seen.

des forces mentales, qui ne se manifestent, comme je l'ai déjà dit, que dans les cas particuliers de la plus haute excitation artificielle.

D'une de ces rapsodies je me suis rappelé facilement les paroles.

Peut-être m'impressionna-t-elle plus fortement, quand il me la montra, parce que, dans le sens intérieur et mystérieux de l'œuvre, je découvris pour la première fois qu'Usher avait pleine conscience de son état,—qu'il sentait que sa sublime raison chancelait sur son trône.

Ces vers, qui avaient pour titre « Le Palais hanté », étaient, à très-peu de chose près, tels que je les cite:

I

Dans la plus verte de nos vallées,
  Par les bons anges habitée,
Autrefois un beau et majestueux palais,
  —Un rayonnant palais—dressait son front.
C'était dans le domaine du monarque Pensée,
  C'était là qu'il s'élevait!
Jamais Séraphin ne déploya son aile
  Sur un édifice à moitié aussi beau.

II

Des bannières blondes, superbes, dorées,
  À son dôme flottaient et ondulaient;
(C'était,—tout cela, c'était dans le vieux,
  Dans le très-vieux temps,)
Et, à chaque douce brise qui se jouait
  Dans ces suaves journées,
Le long des remparts chevelus et pâles,
  S'échappait un parfum ailé.

III

Les voyageurs, dans cette heureuse vallée,
  À travers deux fenêtres lumineuses, voyaient
Des esprits qui se mouvaient harmonieusement
  Au commandement d'un luth bien accordé,

Tout autour d'un trône, où, siégeant
  —Un vrai Porphyrogénète, celui-là!—
Dans un apparat digne de sa gloire,
  Apparaissait le maître du royaume.

IV.

And all with pearl and ruby glowing
  Was the fair palace door,
Through which came flowing, flowing, flowing
  And sparkling evermore,
A troop of Echoes whose sweet duty
  Was but to sing,
In voices of surpassing beauty,
  The wit and wisdom of their king.

IV

Et tout étincelante de nacre et de rubis
  Était la porte du beau palais,
Par laquelle coulait à flots, à flots, à flots,
  Et pétillait incessamment
Une troupe d'Échos dont l'agréable fonction
  Était simplement de chanter,
Avec des accents d'une exquise beauté,
  L'esprit et la sagesse de leur roi.

V.

But evil things, in robes of sorrow,
  Assailed the monarch's high estate;
(Ah, let us mourn, for never morrow
  Shall dawn upon him, desolate!)
And, round about his home, the glory
  That blushed and bloomed
Is but a dim-remembered story,
  Of the old time entombed.

V

Mais des êtres de malheur, en robes de deuil,
  Ont assailli la haute autorité du monarque.
—Ah! pleurons! car jamais l'aube d'un lendemain
  Ne brillera sur lui, le désolé!—
Et, tout autour de sa demeure, la gloire
  Qui s'empourprait et florissait
N'est plus qu'une histoire, souvenir ténébreux
  Des vieux âges défunts.

VI.

And travellers now within that valley,
  Through the red-litten windows, see
Vast forms that move fantastically
  To a discordant melody;
While, like a rapid ghastly river,
  Through the pale door,
A hideous throng rush out forever,
  And laugh--but smile no more.

VI

Et maintenant les voyageurs, dans cette vallée,
  À travers les fenêtres rougeâtres, voient
De vastes formes qui se meuvent fantastiquement
  Aux sons d'une musique discordante;
Pendant que, comme une rivière rapide et lugubre,
  À travers la porte pâle,
Une hideuse multitude se rue éternellement,
  Qui va éclatant de rire,—ne pouvant plus sourire.

I well remember that suggestions arising from this ballad, led us into a train of thought wherein there became manifest an opinion of Usher's

Je me rappelle fort bien que les inspirations naissant de cette ballade nous jetèrent dans un courant d'idées, au milieu duquel se manifesta une opinion

which I mention not so much on account of its novelty (for other men* have thought thus,) as on account of the pertinacity with which he maintained it.

This opinion, in its general form, was that of the sentience of all vegetable things.

But, in his disordered fancy, the idea had assumed a more daring character, and trespassed, under certain conditions, upon the kingdom of inorganization.

I lack words to express the full extent, or the earnest abandon of his persuasion.

The belief, however, was connected (as I have previously hinted) with the gray stones of the home of his forefathers.

The conditions of the sentience had been here, he imagined, fulfilled in the method of collocation of these stones--in the order of their arrangement, as well as in that of the many fungi which overspread them,

and of the decayed trees which stood around--above all, in the long undisturbed endurance of this arrangement, and in its reduplication in the still waters of the tarn.

Its evidence--the evidence of the sentience--was to be seen, he said, (and I here started as he spoke,) in the gradual yet certain condensation of an atmosphere of their own about the waters and the walls.

The result was discoverable, he added, in that silent, yet importunate and terrible influence which for centuries had moulded the destinies of his family, and which made him what I now saw him-- what he was.

que je cite, non pas tant en raison de sa nouveauté,—car d'autres hommes ont pensé de même,—qu'à cause de l'opiniâtreté avec laquelle il la soutenait.

Cette opinion, dans sa forme générale, n'était autre que la croyance à la sensitivité de tous les êtres végétaux.

Mais, dans son imagination déréglée, l'idée avait pris un caractère encore plus audacieux, et empiétait, dans de certaines conditions, jusque sur le règne inorganique.

Les mots me manquent pour exprimer toute l'étendue, tout le sérieux, tout l'abandon de sa foi.

Cette croyance toutefois se rattachait— comme je l'ai déjà donné à entendre— aux pierres grises du manoir de ses ancêtres.

Ici, les conditions de sensitivité étaient remplies, à ce qu'il imaginait, par la méthode qui avait présidé à la construction,—par la disposition respective des pierres, aussi bien que de toutes les fongosités dont elles étaient revêtues,

et des arbres ruinés qui s'élevaient à l'entour,—mais surtout par l'immutabilité de cet arrangement et par sa répercussion dans les eaux dormantes de l'étang.

La preuve,—la preuve de cette sensitivité se faisait voir—disait-il, et je l'écoutais alors avec inquiétude,—dans la condensation graduelle, mais positive, au-dessus des eaux, autour des murs, d'une atmosphère qui leur était propre.

Le résultat,—ajoutait-il,—se déclarait dans cette influence muette, mais importune et terrible, qui depuis des siècles avait pour ainsi dire moulé les destinées de sa famille, et qui le faisait, lui, tel que je le voyais maintenant,—tel

qu'il était.

Such opinions need no comment, and I will make none.

De pareilles opinions n'ont pas besoin de commentaires, et je n'en ferai pas.

Our books--the books which, for years, had formed no small portion of the mental existence of the invalid--were, as might be supposed, in strict keeping with this character of phantasm.

Nos livres,—les livres qui depuis des années constituaient une grande partie de l'existence spirituelle du malade,—étaient, comme on le suppose bien, en accord parfait avec ce caractère de visionnaire.

We pored together over such works as the Ververt et Chartreuse of Gresset; the Belphegor of Machiavelli; the Heaven and Hell of Swedenborg; the Subterranean Voyage of Nicholas Klimm by Holberg;

Nous analysions ensemble des ouvrages tels que le Vert-Vert et la Chartreuse, de Gresset; le Belphégor, de Machiavel; les Merveilles du Ciel et de l'enfer, de Swedenborg; le Voyage souterrain de Nicholas Klimm, par Holberg;

the Chiromancy of Robert Flud, of Jean D'Indagine, and of De la Chambre; the Journey into the Blue Distance of Tieck; and the City of the Sun by Campanella.

et des arbres ruinés qui s'élevaient à l'entour,—mais surtout par l'immutabilité de cet arrangement et par sa répercussion dans les eaux dormantes de l'étang.

One favourite volume was a small octavo edition of the Directorium Inquisitorum, by the Dominican Eymeric de Gironne; and there were passages in Pomponius Mela, about the old African Satyrs and OEgipans, over which Usher would sit dreaming for hours.

Un de ses volumes favoris était une petite édition in-octavo du Directorium inquisitorium, par le dominicain Eymeric De Gironne; et il y avait des passages dans Pomponius Méla, à propos des anciens Satyres africains et des Ægipans, sur lesquels Usher rêvassait pendant des heures.

His chief delight, however, was found in the perusal of an exceedingly rare and curious book in quarto Gothic--the manual of a forgotten church--the Vigiliae Mortuorum Secundum Chorum Ecclesiae Maguntinae.

Il faisait néanmoins ses principales délices de la lecture d'un in-quarto gothique excessivement rare et curieux, —le manuel d'une église oubliée,—les Vigiliae Mortuorum secundum Chorum Ecclesiae Maguntinae.

I could not help thinking of the wild ritual of this work, and of its probable influence upon the hypochondriac, when, one evening, having informed me abruptly that the lady Madeline was no more,

Je songeais malgré moi à l'étrange rituel contenu dans ce livre et à son influence probable sur l'hypocondriaque, quand, un soir, m'ayant informé brusquement que lady Madeline n'existait plus,

he stated his intention of preserving her corpse for a fortnight, (previously to its final interment), in one of the numerous vaults within the main walls of the building.

et des arbres ruinés qui s'élevaient à l'entour,—mais surtout par l'immutabilité de cet arrangement et par sa répercussion dans les eaux dormantes de l'étang.

The worldly reason, however, assigned for this singular proceeding, was one which I did not feel at liberty to dispute.

The brother had been led to his resolution (so he told me) by consideration of the unusual character of the malady of the deceased, of certain obtrusive and eager inquiries on the part of her medical men, and of the remote and exposed situation of the burial-ground of the family.

I will not deny that when I called to mind the sinister countenance of the person whom I met upon the staircase, on the day of my arrival at the house, I had no desire to oppose what I regarded as at best but a harmless, and by no means an unnatural, precaution.

At the request of Usher, I personally aided him in the arrangements for the temporary entombment.

The body having been encoffined, we two alone bore it to its rest.

The vault in which we placed it (and which had been so long unopened that our torches, half smothered in its oppressive atmosphere, gave us little opportunity for investigation)

was small, damp, and entirely without means of admission for light; lying, at great depth, immediately beneath that portion of the building in which was my own sleeping apartment.

It had been used, apparently, in remote feudal times, for the worst purposes of a donjon-keep, and, in later days, as a place of deposit for powder, or some other highly combustible substance,

as a portion of its floor, and the whole interior of a long archway through which

La raison humaine qu'il donnait de cette singulière manière d'agir était une de ces raisons que je ne me sentais pas le droit de contredire.

Comme frère—me disait-il,—il avait pris cette résolution en considération du caractère insolite de la maladie de la défunte, d'une certaine curiosité importune et indiscrète de la part des hommes de science, et de la situation éloignée et fort exposée du caveau de famille.

J'avouerai que, quand je me rappelai la physionomie sinistre de l'individu que j'avais rencontré sur l'escalier, le soir de mon arrivée au château, je n'eus pas envie de m'opposer à ce que je regardais comme une précaution bien innocente, sans doute, mais certainement fort naturelle.

À la prière d'Usher, je l'aidai personnellement dans les préparatifs de cette sépulture temporaire.

Nous mîmes le corps dans la bière, et, à nous deux, nous le portâmes à son lieu de repos.

Le caveau dans lequel nous le déposâmes,—et qui était resté fermé depuis si longtemps, que nos torches, à moitié étouffées dans cette atmosphère suffocante, ne nous permettaient guère d'examiner les lieux,—

était petit, humide, et n'offrait aucune voie à la lumière du jour; il était situé, à une grande profondeur, juste au-dessous de cette partie du bâtiment où se trouvait ma chambre à coucher.

Il avait rempli probablement, dans les vieux temps féodaux, l'horrible office d'oubliettes, et, dans les temps postérieurs, de cave à serrer la poudre ou toute autre matière facilement inflammable;

car une partie du sol et toutes les parois d'un long vestibule que nous traversâmes

we reached it, were carefully sheathed with copper.

pour y arriver étaient soigneusement revêtues de cuivre.

The door, of massive iron, had been, also, similarly protected.

La porte, de fer massif, avait été l'objet des mêmes précautions.

Its immense weight caused an unusually sharp grating sound, as it moved upon its hinges.

Quand ce poids immense roulait sur ses gonds, il rendait un son singulièrement aigu et discordant.

Having deposited our mournful burden upon tressels within this region of horror, we partially turned aside the yet unscrewed lid of the coffin, and looked upon the face of the tenant.

Nous déposâmes donc notre fardeau funèbre sur des tréteaux dans cette région d'horreur; nous tournâmes un peu de côté le couvercle de la bière qui n'était pas encore vissé, et nous regardâmes la face du cadavre.

A striking similitude between the brother and sister now first arrested my attention; and Usher,

Une ressemblance frappante entre le frère et la sœur fixa tout d'abord mon attention; et Usher,

divining, perhaps, my thoughts, murmured out some few words from which I learned that the deceased and himself had been twins, and that sympathies of a scarcely intelligible nature had always existed between them.

devinant peut-être mes pensées, murmura quelques paroles qui m'apprirent que la défunte et lui étaient jumeaux, et que des sympathies d'une nature presque inexplicable avaient toujours existé entre eux.

Our glances, however, rested not long upon the dead--for we could not regard her unawed.

Nos regards, néanmoins, ne restèrent pas longtemps fixés sur la morte,—car nous ne pouvions pas la contempler sans effroi.

The disease which had thus entombed the lady in the maturity of youth, had left, as usual in all maladies of a strictly cataleptical character, the mockery of a faint blush upon the bosom and the face, and that suspiciously lingering smile upon the lip which is so terrible in death.

Le mal qui avait mis au tombeau lady Madeline dans la plénitude de sa jeunesse avait laissé, comme cela arrive ordinairement dans toutes les maladies d'un caractère strictement cataleptique, l'ironie d'une faible coloration sur le sein et sur la face, et sur la lèvre ce sourire équivoque et languissant qui est si terrible dans la mort.

We replaced and screwed down the lid, and, having secured the door of iron, made our way, with toil, into the scarcely less gloomy apartments of the upper portion of the house.

Nous replaçâmes et nous vissâmes le couvercle, et, après avoir assujetti la porte de fer, nous reprîmes avec lassitude notre chemin vers les appartements supérieurs, qui n'étaient guère moins mélancoliques.

And now, some days of bitter grief having elapsed, an observable change came over the features of the mental

Et alors, après un laps de quelques jours pleins du chagrin le plus amer, il s'opéra un changement visible dans les

disorder of my friend.

symptômes de la maladie morale de mon ami.

His ordinary manner had vanished.

Ses manières ordinaires avaient disparu.

His ordinary occupations were neglected or forgotten.

Ses occupations habituelles étaient négligées, oubliées.

He roamed from chamber to chamber with hurried, unequal, and objectless step.

Il errait de chambre en chambre d'un pas précipité, inégal et sans but.

The pallor of his countenance had assumed, if possible, a more ghastly hue--but the luminousness of his eye had utterly gone out.

La pâleur de sa physionomie avait revêtu une couleur peut-être encore plus spectrale;—mais la propriété lumineuse de son œil avait entièrement disparu.

The once occasional huskiness of his tone was heard no more; and a tremulous quaver, as if of extreme terror, habitually characterized his utterance.

Je n'entendais plus ce ton de voix âpre qu'il prenait autrefois à l'occasion; et un tremblement qu'on eût dit causé par une extrême terreur caractérisait habituellement sa prononciation.

There were times, indeed, when I thought his unceasingly agitated mind was labouring with some oppressive secret, to divulge which he struggled for the necessary courage.

Il m'arrivait quelquefois, en vérité, de me figurer que son esprit, incessamment agité, était travaillé par quelque suffocant secret et qu'il ne pouvait trouver le courage nécessaire pour le révéler.

At times, again, I was obliged to resolve all into the mere inexplicable vagaries of madness, for I beheld him gazing upon vacancy for long hours, in an attitude of the profoundest attention, as if listening to some imaginary sound.

D'autres fois, j'étais obligé de conclure simplement aux bizarreries inexplicables de la folie; car je le voyais regardant dans le vide pendant de longues heures, dans l'attitude de la plus profonde attention, comme s'il écoutait un bruit imaginaire.

It was no wonder that his condition terrified--that it infected me.

Il ne faut pas s'étonner que son état m'effrayât,—qu'il m'infectât même.

I felt creeping upon me, by slow yet certain degrees, the wild influences of his own fantastic yet impressive superstitions.

Je sentais se glisser en moi, par une gradation lente mais sûre, l'étrange influence de ses superstitions fantastiques et contagieuses.

It was, especially, upon retiring to bed late in the night of the seventh or eighth day after the placing of the lady Madeline within the donjon, that I experienced the full power of such feelings.

Ce fut particulièrement une nuit,—la septième ou la huitième depuis que nous avions déposé lady Madeline dans le caveau,—fort tard, avant de me mettre au lit, que j'éprouvai toute la puissance de ces sensations.

Sleep came not near my couch--while the hours waned and waned away.

Le sommeil ne voulait pas approcher de ma couche;—les heures, une à une, tombaient, tombaient toujours.

I struggled to reason off the nervousness

Je m'efforçai de raisonner l'agitation

which had dominion over me.

I endeavoured to believe that much, if not all of what I felt, was due to the bewildering influence of the gloomy furniture of the room--

of the dark and tattered draperies, which, tortured into motion by the breath of a rising tempest, swayed fitfully to and fro upon the walls, and rustled uneasily about the decorations of the bed.

But my efforts were fruitless.

An irrepressible tremor gradually pervaded my frame; and, at length, there sat upon my very heart an incubus of utterly causeless alarm.

Shaking this off with a gasp and a struggle, I uplifted myself upon the pillows, and, peering earnestly within the intense darkness of the chamber, hearkened--I know not why, except that an instinctive spirit prompted me--

to certain low and indefinite sounds which came, through the pauses of the storm, at long intervals, I knew not whence.

Overpowered by an intense sentiment of horror, unaccountable yet unendurable, I threw on my clothes with haste (for I felt that I should sleep no more during the night,) and endeavoured to arouse myself from the pitiable condition into which I had fallen, by pacing rapidly to and fro through the apartment.

I had taken but few turns in this manner, when a light step on an adjoining staircase arrested my attention.

I presently recognized it as that of Usher.

In an instant afterwards he rapped, with a gentle touch, at my door, and entered, bearing a lamp.

nerveuse qui me dominait.

J'essayai de me persuader que je devais ce que j'éprouvais, en partie, sinon absolument, à l'influence prestigieuse du mélancolique ameublement de la chambre,—

des sombres draperies déchirées, qui, tourmentées par le souffle d'un orage naissant, vacillaient çà et là sur les murs, comme par accès, et bruissaient douloureusement autour des ornements du lit.

Mais mes efforts furent vains.

Une insurmontable terreur pénétra graduellement tout mon être; et à la longue une angoisse sans motif, un vrai cauchemar, vint s'asseoir sur mon cœur.

Je respirai violemment, je fis un effort, je parvins à le secouer; et, me soulevant sur les oreillers et plongeant ardemment mon regard dans l'épaisse obscurité de la chambre, je prêtai l'oreille—je ne saurais dire pourquoi, si ce n'est que j'y fus poussé par une force instinctive,—

à certains sons bas et vagues qui partaient je ne sais d'où, et qui m'arrivaient à de longs intervalles, à travers les accalmies de la tempête.

Dominé par une sensation intense d'horreur, inexplicable et intolérable, je mis mes habits à la hâte,—car je sentais que je ne pourrais pas dormir de la nuit, —et je m'efforçai, en marchant çà et là à grands pas dans la chambre, de sortir de l'état déplorable dans lequel j'étais tombé.

J'avais à peine fait ainsi quelques tours, quand un pas léger sur un escalier voisin arrêta mon attention.

Je reconnus bientôt que c'était le pas d'Usher.

Une seconde après, il frappa doucement à ma porte, et entra, une lampe à la main.

His countenance was, as usual, cadaverously wan--but, moreover, there was a species of mad hilarity in his eyes-- an evidently restrained hysteria in his whole demeanour.

Sa physionomie était, comme d'habitude, d'une pâleur cadavéreuse,—mais il y avait en outre dans ses yeux je ne sais quelle hilarité insensée,—et dans toutes ses manières une espèce d'hystérie évidemment contenue.

His air appalled me--but anything was preferable to the solitude which I had so long endured, and I even welcomed his presence as a relief.

Son air m'épouvanta:—mais tout était préférable à la solitude que j'avais endurée si longtemps, et j'accueillis sa présence comme un soulagement.

"And you have not seen it?"

—Et vous n'avez pas vu cela?

he said abruptly, after having stared about him for some moments in silence--"you have not then seen it?--

dit-il brusquement, après quelques minutes de silence et après avoir promené autour de lui un regard fixe,— vous n'avez donc pas vu cela?

but, stay! you shall."

—Mais attendez! vous le verrez!

Thus speaking, and having carefully shaded his lamp, he hurried to one of the casements, and threw it freely open to the storm.

Tout en parlant ainsi, et ayant soigneusement abrité sa lampe, il se précipita vers une des fenêtres, et l'ouvrit toute grande à la tempête.

The impetuous fury of the entering gust nearly lifted us from our feet.

L'impétueuse furie de la rafale nous enleva presque du sol.

It was, indeed, a tempestuous yet sternly beautiful night, and one wildly singular in its terror and its beauty.

C'était vraiment une nuit d'orage affreusement belle, une nuit unique et étrange dans son horreur et sa beauté.

A whirlwind had apparently collected its force in our vicinity; for there were frequent and violent alterations in the direction of the wind;

Un tourbillon s'était probablement concentré dans notre voisinage; car il y avait des changements fréquents et violents dans la direction du vent,

and the exceeding density of the clouds (which hung so low as to press upon the turrets of the house) did not prevent our perceiving the lifelike velocity with which they flew careering from all points against each other, without passing away into the distance.

et l'excessive densité des nuages, maintenant descendus si bas qu'ils pesaient presque sur les tourelles du château, ne nous empêchait pas d'apprécier la vélocité vivante avec laquelle ils accouraient l'un contre l'autre de tous les points de l'horizon, au lieu de se perdre dans l'espace.

I say that even their exceeding density did not prevent our perceiving this--yet we had no glimpse of the moon or stars-- nor was there any flashing forth of the lightning.

Leur excessive densité ne nous empêchait pas de voir ce phénomène; pourtant nous n'apercevions pas un brin de lune ni d'étoiles, et aucun éclair ne projetait sa lueur.

But the under surfaces of the huge masses of agitated vapor, as well as all terrestrial

Mais les surfaces inférieures de ces vastes masses de vapeurs cahotées, aussi

objects immediately around us, were glowing in the unnatural light of a faintly luminous and distinctly visible gaseous exhalation which hung about and enshrouded the mansion.

bien que tous les objets terrestres situés dans notre étroit horizon, réfléchissaient la clarté surnaturelle d'une exhalaison gazeuse qui pesait sur la maison et l'enveloppait dans un linceul presque lumineux et distinctement visible.

"You must not--you shall not behold this!"

—Vous ne devez pas voir cela!—Vous ne contemplerez pas cela!—

said I, shudderingly, to Usher, as I led him, with a gentle violence, from the window to a seat.

dis-je en frissonnant à Usher; et je le ramenai avec une douce violence de la fenêtre vers un fauteuil.—

"These appearances, which bewilder you, are merely electrical phenomena not uncommon--or it may be that they have their ghastly origin in the rank miasma of the tarn.

Ces spectacles qui vous mettent hors de vous sont des phénomènes purement électriques et fort ordinaires,—ou peut-être tirent-ils leur funeste origine des miasmes fétides de l'étang.

Let us close this casement;--the air is chilling and dangerous to your frame.

Fermons cette fenêtre;—l'air est glacé et dangereux pour votre constitution.

Here is one of your favourite romances.

Voici un de vos romans favoris.

I will read, and you shall listen;--and so we will pass away this terrible night together."

Je lirai, et vous écouterez;—et nous passerons ainsi cette terrible nuit ensemble.

The antique volume which I had taken up was the "Mad Trist" of Sir Launcelot Canning; but I had called it a favourite of Usher's more in sad jest than in earnest; for,

L'antique bouquin sur lequel j'avais mis la main était le Mad Trist, de sir Launcelot Canning; mais je l'avais décoré du titre de livre favori d'Usher par plaisanterie;—triste plaisanterie, car,

in truth, there is little in its uncouth and unimaginative prolixity which could have had interest for the lofty and spiritual ideality of my friend.

en vérité, dans sa niaise et baroque prolixité, il n'y avait pas grande pâture pour la haute spiritualité de mon ami.

It was, however, the only book immediately at hand; and I indulged a vague hope that the excitement which now agitated the hypochondriac, might find relief (for the history of mental disorder is full of similar anomalies) even in the extremeness of the folly which I should read.

Mais c'était le seul livre que j'eusse immédiatement sous la main; et je me berçais du vague espoir que l'agitation qui tourmentait l'hypocondriaque trouverait du soulagement (car l'histoire des maladies mentales est pleine d'anomalies de ce genre) dans l'exagération même des folies que j'allais lui lire.

Could I have judged, indeed, by the wild overstrained air of vivacity with which he hearkened, or apparently hearkened, to the words of the tale, I might well have

À en juger par l'air d'intérêt étrangement tendu avec lequel il écoutait ou feignait d'écouter les phrases du récit, j'aurais pu me féliciter du succès de ma ruse.

congratulated myself upon the success of my design.

I had arrived at that well-known portion of the story where Ethelred, the hero of the Trist, having sought in vain for peaceable admission into the dwelling of the hermit, proceeds to make good an entrance by force.

Here, it will be remembered, the words of the narrative run thus:

"And Ethelred, who was by nature of a doughty heart, and who was now mighty withal, on account of the powerfulness of the wine which he had drunken, waited no longer to hold parley with the hermit, who, in sooth, was of an obstinate and maliceful turn,

but, feeling the rain upon his shoulders, and fearing the rising of the tempest, uplifted his mace outright, and, with blows, made quickly room in the plankings of the door for his gauntleted hand; and now pulling therewith sturdily, he so cracked, and ripped,

and tore all asunder, that the noise of the dry and hollow-sounding wood alarmed and reverberated throughout the forest."

At the termination of this sentence I started, and for a moment, paused; for it appeared to me (although I at once concluded that my excited fancy had deceived me)--

it appeared to me that, from some very remote portion of the mansion, there came, indistinctly, to my ears, what might have been, in its exact similarity of character, the echo (but a stifled and dull one certainly) of the very cracking and ripping sound which Sir Launcelot had so particularly described.

It was, beyond doubt, the coincidence alone which had arrested my attention; for, amid the rattling of the sashes of the

---

J'étais arrivé à cette partie si connue de l'histoire où Ethelred, le héros du livre, ayant en vain cherché à entrer à l'amiable dans la demeure d'un ermite, se met en devoir de s'introduire par la force.

Ici, on s'en souvient, le narrateur s'exprime ainsi:

"Et Ethelred, qui était par nature un cœur vaillant, et qui maintenant était aussi très-fort, en raison de l'efficacité du vin qu'il avait bu, n'attendit pas plus longtemps pour parlementer avec l'ermite, qui avait, en vérité, l'esprit tourné à l'obstination et à la malice,

mais sentant la pluie sur ses épaules et craignant l'explosion de la tempête, il leva bel et bien sa massue, et avec quelques coups fraya bien vite un chemin, à travers les planches de la porte, à sa main gantée de fer; et, tirant avec sa main vigoureusement à lui, il fit craquer et se fendre,

et sauter le tout en morceaux, si bien que le bruit du bois sec et sonnant le creux porta l'alarme et fut répercuté d'un bout à l'autre de la forêt."

À la fin de cette phrase, je tressaillis et je fis une pause; car il m'avait semblé,— mais je conclus bien vite à une illusion de mon imagination,—

il m'avait semblé que d'une partie très-reculée du manoir était venu confusément à mon oreille un bruit qu'on eût dit, à cause de son exacte analogie, l'écho étouffé, amorti, de ce bruit de craquement et d'arrachement si précieusement décrit par sir Launcelot.

Évidemment, c'était la coïncidence seule qui avait arrêté mon attention; car, parmi le claquement des châssis des fenêtres et

casements, and the ordinary commingled noises of the still increasing storm, the sound, in itself, had nothing, surely, which should have interested or disturbed me.

I continued the story:

"But the good champion Ethelred, now entering within the door, was sore enraged and amazed to perceive no signal of the maliceful hermit; but, in the stead thereof, a dragon of a scaly and prodigious demeanour, and of a fiery tongue, which sate in guard before a palace of gold, with a floor of silver;

and upon the wall there hung a shield of shining brass with this legend enwritten-- Who entereth herein, a conquerer hath bin; Who slayeth the dragon, the shield he shall win;

and Ethelred uplifted his mace, and struck upon the head of the dragon, which fell before him, and gave up his pesty breath, with a shriek so horrid and harsh, and withal so piercing,

that Ethelred had fain to close his ears with his hands against the dreadful noise of it, the like whereof was never before heard."

Here again I paused abruptly, and now with a feeling of wild amazement--for there could be no doubt whatever that, in this instance, I did actually hear (although from what direction it proceeded I found it impossible to say)

a low and apparently distant, but harsh, protracted, and most unusual screaming or grating sound--the exact counterpart of what my fancy had already conjured up for the dragon's unnatural shriek as described by the romancer.

Oppressed, as I certainly was, upon the occurrence of the second and most extraordinary coincidence, by a thousand conflicting sensations, in which wonder

tous les bruits confus de la tempête toujours croissante, le son en lui-même n'avait rien vraiment qui pût m'intriguer ou me troubler.

Je continuai le récit:

"Mais Ethelred, le solide champion, passant alors la porte, fut grandement furieux et émerveillé de n'apercevoir aucune trace du malicieux ermite, mais en son lieu et place un dragon d'une apparence monstrueuse et écailleuse, avec une langue de feu, qui se tenait en sentinelle devant un palais d'or, dont le plancher était d'argent;

et sur le mur était suspendu un bouclier d'airain brillant, avec cette légende gravée dessus: Celui-là qui entre ici a été le vainqueur; Celui-là qui tue le dragon, il aura gagné le bouclier.

"Et Ethelred leva sa massue et frappa sur la tête du dragon, qui tomba devant lui et rendit son souffle empesté avec un rugissement si épouvantable, si âpre et si perçant à la fois,

qu'Ethelred fut obligé de se boucher les oreilles avec ses mains, pour se garantir de ce bruit terrible, tel qu'il n'en avait jamais entendu de semblable."

Ici je fis brusquement une nouvelle pause, et cette fois avec un sentiment de violent étonnement,—car il n'y avait pas lieu de douter que je n'eusse réellement entendu (dans quelle direction, il m'était impossible de le deviner)

un son affaibli et comme lointain, mais âpre, prolongé, singulièrement perçant et grinçant,—l'exacte contrepartie du cri surnaturel du dragon décrit par le romancier, et tel que mon imagination se l'était déjà figuré.

Oppressé, comme je l'étais évidemment lors de cette seconde et très-extraordinaire coïncidence, par mille sensations contradictoires, parmi

and extreme terror were predominant, I still retained sufficient presence of mind to avoid exciting, by any observation, the sensitive nervousness of my companion.

I was by no means certain that he had noticed the sounds in question; although, assuredly, a strange alteration had, during the last few minutes, taken place in his demeanour.

From a position fronting my own, he had gradually brought round his chair, so as to sit with his face to the door of the chamber; and thus I could but partially perceive his features, although I saw that his lips trembled as if he were murmuring inaudibly.

His head had dropped upon his breast-- yet I knew that he was not asleep, from the wide and rigid opening of the eye as I caught a glance of it in profile.

The motion of his body, too, was at variance with this idea--for he rocked from side to side with a gentle yet constant and uniform sway.

Having rapidly taken notice of all this, I resumed the narrative of Sir Launcelot, which thus proceeded:

"And now, the champion, having escaped from the terrible fury of the dragon, bethinking himself of the brazen shield, and of the breaking up of the enchantment which was upon it, removed the carcass from out of the way before him, and approached valorously over the silver pavement of the castle to where the shield was upon the wall;

which in sooth tarried not for his full coming, but fell down at his feet upon the silver floor, with a mighty great and terrible ringing sound."

No sooner had these syllables passed my lips, than--as if a shield of brass had indeed, at the moment, fallen heavily upon a floor of silver--I became aware of a distinct, hollow, metallic, and clangorous, yet apparently muffled reverberation.

Completely unnerved, I leaped to my feet; but the measured rocking movement of Usher was undisturbed.

I rushed to the chair in which he sat.

His eyes were bent fixedly before him, and throughout his whole countenance there reigned a stony rigidity.

But, as I placed my hand upon his shoulder, there came a strong shudder over his whole person; a sickly smile quivered about his lips; and I saw that he spoke in a low, hurried, and gibbering murmur, as if unconscious of my presence.

Bending closely over him, I at length drank in the hideous import of his words.

"Not hear it?

- yes, I hear it, and have heard it.

Long -- long -- long -- many minutes, many hours, many days, have I heard it-- yet I dared not--oh, pity me, miserable wretch that I am!

--I dared not--I dared not speak!

We have put her living in the tomb!

Said I not that my senses were acute?

I now tell you that I heard her first feeble movements in the hollow coffin.

I heard them--many, many days ago--yet I dared not--I dared not speak!

And now -- to-night -- Ethelred--ha! ha!

À peine ces dernières syllabes avaient-elles fui mes lèvres, que,—comme si un bouclier d'airain était pesamment tombé, en ce moment même, sur un plancher d'argent,—j'en entendis l'écho distinct, profond, métallique, retentissant, mais comme assourdi.

J'étais complètement énervé; je sautai sur mes pieds; mais Usher n'avait pas interrompu son balancement régulier.

Je me précipitai vers le fauteuil où il était toujours assis.

Ses yeux étaient braqués droit devant lui, et toute sa physionomie était tendue par une rigidité de pierre.

Mais, quand je posai la main sur son épaule, un violent frisson parcourut tout son être, un sourire malsain trembla sur ses lèvres, et je vis qu'il parlait bas, très-bas,—un murmure précipité et inarticulé, —comme s'il n'avait pas conscience de ma présence.

Je me penchai tout à fait contre lui, et enfin je dévorai l'horrible signification de ses paroles:

—Vous n'entendez pas?

—Moi, j'entends, et j'ai entendu

pendant longtemps, - longtemps, bien longtemps, bien des minutes, bien des heures, bien des jours, j'ai entendu,— mais je n'osais pas—oh! pitié pour moi, misérable infortuné que je suis!

je n'osais pas,—je n'osais pas parler!

Nous l'avons mise vivante dans la tombe!

Ne vous ai-je pas dit que mes sens étaient très-fins?

Je vous dis maintenant que j'ai entendu ses premiers faibles mouvements dans le fond de la bière.

Je les ai entendus,—il y a déjà bien des jours, bien des jours,—mais je n'osais pas,—je n'osais pas parler!

Et maintenant,—cette nuit,—Ethelred,—

--the breaking of the hermit's door, and the death-cry of the dragon, and the clangour of the shield!

--say, rather, the rending of her coffin, and the grating of the iron hinges of her prison, and her struggles within the coppered archway of the vault!

Oh whither shall I fly?

Will she not be here anon?

Is she not hurrying to upbraid me for my haste?

Have I not heard her footsteps on the stair?

Do I not distinguish that heavy and horrible beating of her heart?

Madman!"

here he sprang furiously to his feet, and shrieked out his syllables, as if in the effort he were giving up his soul--"Madman!

I tell you that she now stands without the door!"

As if in the superhuman energy of his utterance there had been found the potency of a spell--the huge antique panels to which the speaker pointed, threw slowly back, upon the instant, their ponderous and ebony jaws.

It was the work of the rushing gust--but then without those doors there DID stand the lofty and enshrouded figure of the lady Madeline of Usher.

There was blood upon her white robes, and the evidence of some bitter struggle upon every portion of her emaciated frame.

For a moment she remained trembling and reeling to and fro upon the threshold,--then, with a low moaning cry, fell heavily inward upon the person of her brother, and in her violent and now final death-agonies, bore him to the floor a

ha! ha!

—la porte de l'ermite enfoncée, et le râle du dragon et le retentissement du bouclier!

—Dites plutôt le bris de sa bière, et le grincement des gonds de fer de sa prison, et son affreuse lutte dans le vestibule de cuivre!

Oh! où fuir?

Ne sera-t-elle pas ici tout à l'heure?

N'arrive-t-elle pas pour me reprocher ma précipitation?

N'ai-je pas entendu son pas sur l'escalier?

Est-ce que je ne distingue pas l'horrible et lourd battement de son cœur!

Insensé!

Ici, il se dressa furieusement sur ses pieds, et hurla ces syllabes, comme si dans cet effort suprême il rendait son âme:—Insensé!

je vous dis qu'elle est maintenant derrière la porte!

À l'instant même, comme si l'énergie surhumaine de sa parole eût acquis la toute puissance d'un charme, les vastes et antiques panneaux que désignait Usher entrouvrirent lentement leurs lourdes mâchoires d'ébène.

C'était l'œuvre d'un furieux coup de vent; —mais derrière cette porte se tenait alors la haute figure de lady Madeline Usher, enveloppée de son suaire.

Il y avait du sang sur ses vêtements blancs, et toute sa personne amaigrie portait les traces évidentes de quelque horrible lutte.

Pendant un moment, elle resta tremblante et vacillante sur le seuil;—puis, avec un cri plaintif et profond, elle tomba lourdement en avant sur son frère, et, dans sa violente et définitive agonie, elle l'entraîna à terre,—cadavre maintenant et

corpse, and a victim to the terrors he had anticipated.

victime de ses terreurs anticipées.

From that chamber, and from that mansion, I fled aghast.

Je m'enfuis de cette chambre et de ce manoir, frappé d'horreur.

The storm was still abroad in all its wrath as I found myself crossing the old causeway.

La tempête était encore dans toute sa rage quand je franchissais la vieille avenue.

Suddenly there shot along the path a wild light, and I turned to see whence a gleam so unusual could have issued; for the vast house and its shadows were alone behind me.

Tout d'un coup, une lumière étrange se projeta sur la route, et je me retournai pour voir d'où pouvait jaillir une lueur si singulière, car je n'avais derrière moi que le vaste château avec toutes ses ombres.

The radiance was that of the full, setting, and blood-red moon which now shone vividly through that once barely-discernible fissure of which I have before spoken as extending from the roof of the building, in a zigzag direction, to the base.

Le rayonnement provenait de la pleine lune qui se couchait, rouge de sang, et maintenant brillait vivement à travers cette fissure à peine visible naguère, qui, comme je l'ai dit, parcourait en zigzag le bâtiment depuis le toit jusqu'à la base.

While I gazed, this fissure rapidly widened--there came a fierce breath of the whirlwind--the entire orb of the satellite burst at once upon my sight--

Pendant que je regardais, cette fissure s'élargit rapidement;—il survint une reprise de vent, un tourbillon furieux;—le disque entier de la planète éclata tout à coup à ma vue.

my brain reeled as I saw the mighty walls rushing asunder--there was a long tumultuous shouting sound like the voice of a thousand waters--and the deep and dank tarn at my feet closed sullenly and silently over the fragments of the "House of Usher".

La tête me tourna quand je vis les puissantes murailles s'écrouler en deux.—Il se fit un bruit prolongé, un fracas tumultueux comme la voix de mille cataractes,—et l'étang profond et croupi placé à mes pieds se referma tristement et silencieusement sur les ruines de la Maison Usher.

The Masque of the Red Death - Le Masque de la Mort Rouge

THE "Red Death" had long devastated the country.

La Mort Rouge avait pendant longtemps dépeuplé la contrée.

No pestilence had ever been so fatal, or so hideous.

Jamais peste ne fut si fatale, si horrible.

Blood was its Avatar and its seal--the redness and the horror of blood.

Son avatar, c'était le sang,—la rougeur et la hideur du sang.

There were sharp pains, and sudden dizziness, and then profuse bleeding at the pores, with dissolution.

C'étaient des douleurs aiguës, un vertige soudain, et puis un suintement abondant par les pores, et la dissolution de l'être.

The scarlet stains upon the body and especially upon the face of the victim, were the pest ban which shut him out from the aid and from the sympathy of his fellow-men. And the whole seizure, progress and termination of the disease, were the incidents of half an hour.

Des taches pourpres sur le corps, et spécialement sur le visage de la victime, la mettaient au ban de l'humanité, et lui fermaient tout secours et toute sympathie. L'invasion, le progrès, le résultat de la maladie, tout cela était l'affaire d'une demi-heure.

But the Prince Prospero was happy and dauntless and sagacious.

Mais le prince Prospero était heureux, et intrépide, et sagace.

When his dominions were half depopulated, he summoned to his presence a thousand hale and light-hearted friends from among the knights and dames of his court, and with these retired to the deep seclusion of one of his castellated abbeys.

Quand ses domaines furent à moitié dépeuplés, il convoqua un millier d'amis vigoureux et allègres de cœur, choisis parmi les chevaliers et les dames de sa cour, et se fit avec eux une retraite profonde dans une de ses abbayes fortifiées.

This was an extensive and magnificent structure, the creation of the prince's own eccentric yet august taste.

C'était un vaste et magnifique bâtiment, une création du prince, d'un goût excentrique et cependant grandiose.

A strong and lofty wall girdled it in. This wall had gates of iron.

Un mur épais et haut lui faisait une ceinture. Ce mur avait des portes de fer.

The courtiers, having entered, brought furnaces and massy hammers and welded the bolts.

Les courtisans, une fois entrés, se servirent de fourneaux et de solides marteaux pour souder les verrous.

They resolved to leave means neither of ingress or egress to the sudden impulses of despair or of frenzy from within.

Ils résolurent de se barricader contre les impulsions soudaines du désespoir extérieur et de fermer toute issue aux frénésies du dedans.

The abbey was amply provisioned. With

L'abbaye fut largement approvisionnée.

such precautions the courtiers might bid defiance to contagion.

The external world could take care of itself.

In the meantime it was folly to grieve, or to think.

The prince had provided all the appliances of pleasure.

There were buffoons, there were improvisatori, there were ballet-dancers, there were musicians, there was Beauty, there was wine.

All these and security were within. Without was the "Red Death."

It was toward the close of the fifth or sixth month of his seclusion, and while the pestilence raged most furiously abroad, that the Prince Prospero entertained his thousand friends at a masked ball of the most unusual magnificence.

It was a voluptuous scene, that masquerade.

But first let me tell of the rooms in which it was held.

There were seven--an imperial suite.

In many palaces, however, such suites form a long and straight vista, while the folding doors slide back nearly to the walls on either hand, so that the view of the whole extent is scarcely impeded.

Here the case was very different;

as might have been expected from the duke's love of the bizarre. The apartments were so irregularly disposed that the vision embraced but little more than one at a time.

There was a sharp turn at every twenty or thirty yards, and at each turn a novel

Grâce à ces précautions, les courtisans pouvaient jeter le défi à la contagion.

Le monde extérieur s'arrangerait comme il pourrait.

En attendant, c'était folie de s'affliger ou de penser.

Le prince avait pourvu à tous les moyens de plaisir.

Il y avait des bouffons, il y avait des improvisateurs, des danseurs, des musiciens, il y avait le beau sous toutes ses formes, il y avait le vin.

En dedans, il y avait toutes ces belles choses et la sécurité. Au-dehors, la Mort Rouge.

Ce fut vers la fin du cinquième ou sixième mois de sa retraite, et pendant que le fléau sévissait au-dehors avec le plus de rage, que le prince Prospero gratifia ses mille amis d'un bal masqué de la plus insolite magnificence.

Tableau voluptueux que cette mascarade!

Mais d'abord laissez-moi vous décrire les salles où elle eut lieu.

Il y en avait sept,—une enfilade impériale.

Dans beaucoup de palais, ces séries de salons forment de longues perspectives en ligne droite, quand les battants des portes sont rabattus sur les murs de chaque côté, de sorte que le regard s'enfonce jusqu'au bout sans obstacle.

Ici, le cas était fort différent,

comme on pouvait s'y attendre de la part du duc et de son goût très-vif pour le bizarre. Les salles étaient si irrégulièrement disposées, que l'œil n'en pouvait guère embrasser plus d'une à la fois.

Au bout d'un espace de vingt à trente yards, il y avait un brusque détour, et à

effect.

To the right and left, in the middle of each wall, a tall and narrow Gothic window looked out upon a closed corridor which pursued the windings of the suite.

These windows were of stained glass whose color varied in accordance with the prevailing hue of the decorations of the chamber into which it opened.

That at the eastern extremity was hung, for example, in blue--and vividly blue were its windows.

The second chamber was purple in its ornaments and tapestries, and here the panes were purple.

The third was green throughout, and so were the casements.

The fourth was furnished and lighted with orange--the fifth with white--the sixth with violet.

The seventh apartment was closely shrouded in black velvet tapestries that hung all over the ceiling and down the walls, falling in heavy folds upon a carpet of the same material and hue.

But in this chamber only, the color of the windows failed to correspond with the decorations. The panes here were scarlet--a deep blood color.

Now in no one of the seven apartments was there any lamp or candelabrum, amid the profusion of golden ornaments that lay scattered to and fro or depended from the roof.

There was no light of any kind emanating from lamp or candle within the suite of chambers.

But in the corridors that followed the suite, there stood, opposite to each window, a heavy tripod, bearing a brazier of fire that projected its rays through the

chaque coude un nouvel aspect.

À droite et à gauche, au milieu de chaque mur, une haute et étroite fenêtre gothique donnait sur un corridor fermé qui suivait les sinuosités de l'appartement.

Chaque fenêtre était faite de verres coloriés en harmonie avec le ton dominant dans les décorations de la salle sur laquelle elle s'ouvrait.

Celle qui occupait l'extrémité orientale, par exemple, était tendue de bleu,—et les fenêtres étaient d'un bleu profond.

La seconde pièce était ornée et tendue de pourpre, et les carreaux étaient pourpres.

La troisième, entièrement verte, et vertes les fenêtres.

La quatrième, décorée d'orange, était éclairée par une fenêtre orangée,—la cinquième, blanche,—la sixième, violette.

La septième salle était rigoureusement ensevelie de tentures de velours noir qui revêtaient tout le plafond et les murs, et retombaient en lourdes nappes sur un tapis de même étoffe et de même couleur.

Mais, dans cette chambre seulement, la couleur des fenêtres ne correspondait pas à la décoration. Les carreaux étaient écarlates,—d'une couleur intense de sang.

Or, dans aucune des sept salles, à travers les ornements d'or éparpillés à profusion çà et là ou suspendus aux lambris, on ne voyait de lampe ni de candélabre.

Ni lampes, ni bougies; aucune lumière de cette sorte dans cette longue suite de pièces.

Mais, dans les corridors qui leur servaient de ceinture, juste en face de chaque fenêtre, se dressait un énorme trépied, avec un brasier éclatant, qui

tinted glass and so glaringly illumined the room.

And thus were produced a multitude of gaudy and fantastic appearances.

But in the western or black chamber the effect of the fire-light that streamed upon the dark hangings through the blood-tinted panes, was ghastly in the extreme, and produced so wild a look upon the countenances of those who entered, that there were few of the company bold enough to set foot within its precincts at all.

It was in this apartment, also, that there stood against the western wall, a gigantic clock of ebony.

Its pendulum swung to and fro with a dull, heavy, monotonous clang; and when the minute-hand made the circuit of the face, and the hour was to be stricken, there came from the brazen lungs of the clock a sound which was clear and loud and deep and exceedingly musical, but of so peculiar a note and emphasis that, at each lapse of an hour, the musicians of the orchestra were constrained to pause, momentarily, in their performance, to hearken to the sound;

and thus the waltzers perforce ceased their evolutions; and there was a brief disconcert of the whole gay company;

and, while the chimes of the clock yet rang, it was observed that the giddiest grew pale, and the more aged and sedate passed their hands over their brows as if in confused reverie or meditation.

But when the echoes had fully ceased, a light laughter at once pervaded the assembly;

the musicians looked at each other and smiled as if at their own nervousness and

---

projetait ses rayons à travers les carreaux de couleur et illuminait la salle d'une manière éblouissante.

Ainsi se produisaient une multitude d'aspects chatoyants et fantastiques.

Mais, dans la chambre de l'ouest, la chambre noire, la lumière du brasier qui ruisselait sur les tentures noires à travers les carreaux sanglants était épouvantablement sinistre, et donnait aux physionomies des imprudents qui y entraient un aspect tellement étrange, que bien peu de danseurs se sentaient le courage de mettre les pieds dans son enceinte magique.

C'était aussi dans cette salle que s'élevait, contre le mur de l'ouest, une gigantesque horloge d'ébène.

Son pendule se balançait avec un tic-tac sourd, lourd, monotone; et quand l'aiguille des minutes avait fait le circuit du cadran et que l'heure allait sonner, il s'élevait des poumons d'airain de la machine un son clair, éclatant, profond et excessivement musical, mais d'une note si particulière et d'une énergie telle, que d'heure en heure, les musiciens de l'orchestre étaient contraints d'interrompre un instant leurs accords pour écouter la musique de l'heure;

les valseurs alors cessaient forcément leurs évolutions; un trouble momentané courait dans toute la joyeuse compagnie;

et, tant que vibrait le carillon, on remarquait que les plus fous devenaient pâles, et que les plus âgés et les plus rassis passaient leurs mains sur leurs fronts, comme dans une méditation ou une rêverie délirante.

Mais, quand l'écho s'était tout à fait évanoui, une légère hilarité circulait par toute l'assemblée;

les musiciens s'entre-regardaient et souriaient de leurs nerfs et de leur folie,

folly, and made whispering vows, each to the other, that the next chiming of the clock should produce in them no similar emotion;

and then, after the lapse of sixty minutes, (which embrace three thousand and six hundred seconds of the Time that flies,) there came yet another chiming of the clock, and then were the same disconcert and tremulousness and meditation as before.

But, in spite of these things, it was a gay and magnificent revel.

The tastes of the duke were peculiar.

He had a fine eye for colors and effects.

He disregarded the decora of mere fashion.

His plans were bold and fiery, and his conceptions glowed with barbaric lustre.

There are some who would have thought him mad.

His followers felt that he was not.

It was necessary to hear and see and touch him to be sure that he was not.

He had directed, in great part, the moveable embellishments of the seven chambers, upon occasion of this great fete; and it was his own guiding taste which had given character to the masqueraders.

Be sure they were grotesque.

There were much glare and glitter and piquancy and phantasm--much of what has been since seen in "Hernani."

There were arabesque figures with unsuited limbs and appointments. There were delirious fancies such as the madman fashions.

There was much of the beautiful, much of

et se juraient tout bas, les uns aux autres, que la prochaine sonnerie ne produirait pas en eux la même émotion;

et puis, après la fuite des soixante minutes qui comprennent les trois mille six cents secondes de l'heure disparue, arrivait une nouvelle sonnerie de la fatale horloge, et c'était le même trouble, le même frisson, les mêmes rêveries.

Mais, en dépit de tout cela, c'était une joyeuse et magnifique orgie.

Le goût du duc était tout particulier.

Il avait un œil sûr à l'endroit des couleurs et des effets.

Il méprisait le décorum de la mode.

Ses plans étaient téméraires et sauvages, et ses conceptions brillaient d'une splendeur barbare.

Il y a des gens qui l'auraient jugé fou.

Ses courtisans sentaient bien qu'il ne l'était pas.

Mais il fallait l'entendre, le voir, le toucher, pour être sûr qu'il ne l'était pas.

Il avait, à l'occasion de cette grande fête, présidé en grande partie à la décoration mobilière des sept salons, et c'était son goût personnel qui avait commandé le style des travestissements.

À coup sûr, c'étaient des conceptions grotesques.

C'était éblouissant, étincelant; il y avait du piquant et du fantastique,—beaucoup de ce qu'on a vu dans Hernani.

Il y avait des figures vraiment arabesques, absurdement équipées, incongrûment bâties; des fantaisies monstrueuses comme la folie;

il y avait du beau, du licencieux, du

the wanton, much of the bizarre, something of the terrible, and not a little of that which might have excited disgust.

To and fro in the seven chambers there stalked, in fact, a multitude of dreams.

And these--the dreams--writhed in and about, taking hue from the rooms, and causing the wild music of the orchestra to seem as the echo of their steps.

And, anon, there strikes the ebony clock which stands in the hall of the velvet. And then, for a moment, all is still, and all is silent save the voice of the clock.

The dreams are stiff-frozen as they stand.

But the echoes of the chime die away-- they have endured but an instant--and a light, half-subdued laughter floats after them as they depart.

And now again the music swells, and the dreams live, and writhe to and fro more merrily than ever, taking hue from the many-tinted windows through which stream the rays from the tripods.

But to the chamber which lies most westwardly of the seven, there are now none of the maskers who venture; for the night is waning away; and there flows a ruddier light through the blood-colored panes; and the blackness of the sable drapery appals;

and to him whose foot falls upon the sable carpet, there comes from the near clock of ebony a muffled peal more solemnly emphatic than any which reaches their ears who indulge in the more remote gaieties of the other apartments.

But these other apartments were densely crowded, and in them beat feverishly the heart of life.

bizarre en quantité, tant soit peu du terrible, et du dégoûtant à foison.

Bref, c'était comme une multitude de rêves qui se pavanaient çà et là dans les sept salons.

Et ces rêves se contorsionnaient en tous sens, prenant la couleur des chambres; et l'on eût dit qu'ils exécutaient la musique avec leurs pieds, et que les airs étranges de l'orchestre étaient l'écho de leurs pas.

Et, de temps en temps, on entend sonner l'horloge d'ébène de la salle de velours. Et alors, pour un moment, tout s'arrête, tout se tait, excepté la voix de l'horloge.

Les rêves sont glacés, paralysés dans leurs postures.

Mais les échos de la sonnerie s'évanouissent,—ils n'ont duré qu'un instant,—et à peine ont-ils fui, qu'une hilarité légère et mal contenue circule partout.

Et la musique s'enfle de nouveau, et les rêves revivent, et ils se tordent çà et là plus joyeusement que jamais, reflétant la couleur des fenêtres à travers lesquelles ruisselle le rayonnement des trépieds.

Mais, dans la chambre qui est là-bas tout à l'ouest, aucun masque n'ose maintenant s'aventurer; car la nuit avance, et une lumière plus rouge afflue à travers les carreaux couleur de sang, et la noirceur des draperies funèbres est effrayante;

et à l'étourdi qui met le pied sur le tapis funèbre l'horloge d'ébène envoie un carillon plus lourd, plus solennellement énergique que celui qui frappe les oreilles des masques tourbillonnant dans l'insouciance lointaine des autres salles.

Quant à ces pièces-là, elles fourmillaient de monde, et le cœur de la vie y battait fiévreusement.

And the revel went whirlingly on, until at length there commenced the sounding of midnight upon the clock.	Et la fête tourbillonnait toujours lorsque s'éleva enfin le son de minuit de l'horloge.
And then the music ceased, as I have told; and the evolutions of the waltzers were quieted; and there was an uneasy cessation of all things as before.	Alors, comme je l'ai dit, la musique s'arrêta; le tournoiement des valseurs fut suspendu; il se fit partout, comme naguère, une anxieuse immobilité.
But now there were twelve strokes to be sounded by the bell of the clock; and thus it happened, perhaps, that more of thought crept, with more of time, into the meditations of the thoughtful among those who revelled.	Mais le timbre de l'horloge avait cette fois douze coups à sonner; aussi, il se peut bien que plus de pensée se soit glissée dans les méditations de ceux qui pensaient parmi cette foule festoyante.
And thus, too, it happened, perhaps, that before the last echoes of the last chime had utterly sunk into silence, there were many individuals in the crowd who had found leisure to become aware of the presence of a masked figure which had arrested the attention of no single individual before.	Et ce fut peut-être aussi pour cela que plusieurs personnes parmi cette foule, avant que les derniers échos du dernier coup fussent noyés dans le silence, avaient eu le temps de s'apercevoir de la présence d'un masque qui jusque-là n'avait aucunement attiré l'attention.
And the rumor of this new presence having spread itself whisperingly around, there arose at length from the whole company a buzz, or murmur, expressive of disapprobation and surprise--then, finally, of terror, of horror, and of disgust.	Et, la nouvelle de cette intrusion s'étant répandue en un chuchotement à la ronde, il s'éleva de toute l'assemblée un bourdonnement, un murmure significatif d'étonnement et de désapprobation,— puis, finalement, de terreur, d'horreur et de dégoût.
In an assembly of phantasms such as I have painted, it may well be supposed that no ordinary appearance could have excited such sensation.	Dans une réunion de fantômes telle que je l'ai décrite, il fallait sans doute une apparition bien extraordinaire pour causer une telle sensation.
In truth the masquerade license of the night was nearly unlimited; but the figure in question had out-Heroded Herod, and gone beyond the bounds of even the prince's indefinite decorum.	La licence carnavalesque de cette nuit était, il est vrai, à peu près illimitée; mais le personnage en question avait dépassé l'extravagance d'un Hérode, et franchi les bornes—cependant complaisantes—du décorum imposé par le prince.
There are chords in the hearts of the most reckless which cannot be touched without emotion. Even with the utterly lost, to whom life and death are equally jests, there are matters of which no jest can be made.	Il y a dans les cœurs des plus insouciants des cordes qui ne se laissent pas toucher sans émotion. Même chez les dépravés, chez ceux pour qui la vie et la mort sont également un jeu, il y a des choses avec lesquelles on ne peut pas jouer.
The whole company, indeed, seemed now	Toute l'assemblée parut alors sentir

deeply to feel that in the costume and bearing of the stranger neither wit nor propriety existed.

The figure was tall and gaunt, and shrouded from head to foot in the habiliments of the grave.

The mask which concealed the visage was made so nearly to resemble the countenance of a stiffened corpse that the closest scrutiny must have had difficulty in detecting the cheat.

And yet all this might have been endured, if not approved, by the mad revellers around.

But the mummer had gone so far as to assume the type of the Red Death.

His vesture was dabbled in blood--and his broad brow, with all the features of the face, was besprinkled with the scarlet horror.

When the eyes of Prince Prospero fell upon this spectral image (which with a slow and solemn movement, as if more fully to sustain its role, stalked to and fro among the waltzers)

he was seen to be convulsed, in the first moment with a strong shudder either of terror or distaste; but, in the next, his brow reddened with rage.

"Who dares?" he demanded hoarsely of the courtiers who stood near him--"who dares insult us with this blasphemous mockery?

Seize him and unmask him--that we may know whom we have to hang at sunrise, from the battlements!"

It was in the eastern or blue chamber in which stood the Prince Prospero as he uttered these words.

They rang throughout the seven rooms loudly and clearly--for the prince was a bold and robust man, and the music had become hushed at the waving of his hand.

profondément le mauvais goût et l'inconvenance de la conduite et du costume de l'étranger.

Le personnage était grand et décharné, et enveloppé d'un suaire de la tête aux pieds.

Le masque qui cachait le visage représentait si bien la physionomie d'un cadavre raidi, que l'analyse la plus minutieuse aurait difficilement découvert d'artifice.

Et cependant, tous ces fous auraient peut-être supporté, sinon approuvé, cette laide plaisanterie.

Mais le masque avait été jusqu'à adopter le type de la Mort Rouge.

Son vêtement était barbouillé de sang,—et son large front, ainsi que tous les traits de sa face, étaient aspergés de l'épouvantable écarlate.

Quand les yeux du prince Prospero tombèrent sur cette figure de spectre,—qui, d'un mouvement lent, solennel, emphatique, comme pour mieux soutenir son rôle, se promenait çà et là à travers les danseurs,

—on le vit d'abord convulsé par un violent frisson de terreur ou de dégoût; mais, une seconde après, son front s'empourpra de rage.

—Qui ose,—demanda-t-il, d'une voix enrouée, aux courtisans debout près de lui,—qui ose nous insulter par cette ironie blasphématoires?

Emparez-vous de lui, et démasquez-le,—que nous sachions qui nous aurons à pendre aux créneaux, au lever du soleil!

C'était dans la chambre de l'est ou chambre bleue que se trouvait le prince Prospero, quand il prononça ces paroles.

Elles retentirent fortement et clairement à travers les sept salons,—car le prince était un homme impérieux et robuste, et la musique s'était tue à un signe de sa

It was in the blue room where stood the prince, with a group of pale courtiers by his side.

At first, as he spoke, there was a slight rushing movement of this group in the direction of the intruder, who at the moment was also near at hand, and now, with deliberate and stately step, made closer approach to the speaker.

But from a certain nameless awe with which the mad assumptions of the mummer had inspired the whole party, there were found none who put forth hand to seize him;

so that, unimpeded, he passed within a yard of the prince's person; and, while the vast assembly, as if with one impulse, shrank from the centres of the rooms to the walls, he made his way uninterruptedly, but with the same solemn and measured step which had distinguished him from the first,

through the blue chamber to the purple-- through the purple to the green--through the green to the orange--through this again to the white--and even thence to the violet, ere a decided movement had been made to arrest him.

It was then, however, that the Prince Prospero, maddening with rage and the shame of his own momentary cowardice, rushed hurriedly through the six chambers, while none followed him on account of a deadly terror that had seized upon all.

He bore aloft a drawn dagger, and had approached, in rapid impetuosity, to within three or four feet of the retreating figure, when the latter, having attained the extremity of the velvet apartment, turned suddenly and confronted his pursuer.

main.

C'était dans la chambre bleue que se tenait le prince, avec un groupe de pâles courtisans à ses côtés.

D'abord, pendant qu'il parlait, il y eut parmi le groupe un léger mouvement en avant dans la direction de l'intrus, qui fut un instant presque à leur portée, et qui maintenant, d'un pas délibéré et majestueux, se rapprochait de plus en plus du prince.

Mais, par suite d'une certaine terreur indéfinissable que l'audace insensée du masque avait inspirée à toute la société, il ne se trouva personne pour lui mettre la main dessus;

si bien que, ne trouvant aucun obstacle, il passa à deux pas de la personne du prince; et pendant que l'immense assemblée, comme obéissant à un seul mouvement, reculait du centre de la salle vers les murs, il continua sa route sans interruption, de ce même pas solennel et mesuré qui l'avait tout d'abord caractérisé,

de la chambre bleue à la chambre pourpre,—de la chambre pourpre à la chambre verte,—de la verte à l'orange,— de celle-ci à la blanche,—et de celle-là à la violette, avant qu'on eût fait un mouvement décisif pour l'arrêter.

Ce fut alors, toutefois, que le prince Prospero, exaspéré par la rage et la honte de sa lâcheté d'une minute, s'élança précipitamment à travers les six chambres, où nul ne le suivit; car une terreur mortelle s'était emparée de tout le monde.

Il brandissait un poignard nu, et s'était approché impétueusement à une distance de trois ou quatre pieds du fantôme qui battait en retraite, quand ce dernier, arrivé à l'extrémité de la salle de velours, se retourna brusquement et fit face à celui qui le poursuivait.

There was a sharp cry--and the dagger dropped gleaming upon the sable carpet, upon which, instantly afterwards, fell prostrate in death the Prince Prospero.

Then, summoning the wild courage of despair, a throng of the revellers at once threw themselves into the black apartment, and, seizing the mummer, whose tall figure stood erect and motionless within the shadow of the ebony clock,

gasped in unutterable horror at finding the grave-cerements and corpse-like mask which they handled with so violent a rudeness, untenanted by any tangible form.

And now was acknowledged the presence of the Red Death.

He had come like a thief in the night.

And one by one dropped the revellers in the blood-bedewed halls of their revel, and died each in the despairing posture of his fall.

And the life of the ebony clock went out with that of the last of the gay.

And the flames of the tripods expired.

And Darkness and Decay and the Red Death held illimitable dominion over all.

Un cri aigu partit,—et le poignard glissa avec un éclair sur le tapis funèbre où le prince Prospero tombait mort une seconde après.

Alors, invoquant le courage violent du désespoir, une foule de masques se précipita à la fois dans la chambre noire; et, saisissant l'inconnu, qui se tenait, comme une grande statue, droit et immobile dans l'ombre de l'horloge d'ébène,

ils se sentirent suffoqués par une terreur sans nom, en voyant que sous le linceul et le masque cadavéreux, qu'ils avaient empoignés avec une si violente énergie, ne logeait aucune forme palpable.

On reconnut alors la présence de la Mort Rouge.

Elle était venue comme un voleur de nuit.

Et tous les convives tombèrent un à un dans les salles de l'orgie inondées d'une rosée sanglante, et chacun mourut dans la posture désespérée de sa chute.

Et la vie de l'horloge d'ébène disparut avec celle du dernier de ces êtres joyeux.

Et les flammes des trépieds expirèrent.

Et les Ténèbres, et la Ruine, et la Mort Rouge établirent sur toutes choses leur empire illimité.

The Cask of Amontillado - La Barrique d'Amontillado

THE thousand injuries of Fortunato I had borne as I best could; but when he ventured upon insult, I vowed revenge.

J'avais supporté du mieux que j'avais pu les mille injustices de Fortunato; mais, quand il en vint à l'insulte, je jurai de me venger.

You, who so well know the nature of my soul, will not suppose, however, that I gave utterance to a threat.

Vous cependant, qui connaissez bien la nature de mon âme, vous ne supposerez pas que j'aie articulé une seule menace.

At length I would be avenged;

À la longue, je devais être vengé;

this was a point definitively settled--but the very definitiveness with which it was resolved, precluded the idea of risk.

c'était un point définitivement arrêté;—mais la perfection même de ma résolution excluait toute idée de péril.

I must not only punish, but punish with impunity. A wrong is unredressed when retribution overtakes its redresser.

Je devais non-seulement punir, mais punir impunément. Une injure n'est pas redressée quand le châtiment atteint le redresseur;

It is equally unredressed when the avenger fails to make himself felt as such to him who has done the wrong.

elle n'est pas non plus redressée quand le vengeur n'a pas soin de se faire connaître à celui qui a commis l'injure.

It must be understood, that neither by word nor deed had I given Fortunato cause to doubt my good will.

Il faut qu'on sache que je n'avais donné à Fortunato aucune raison de douter de ma bienveillance, ni par mes paroles, ni par mes actions.

I continued, as was my wont, to smile in his face, and he did not perceive that my smile NOW was at the thought of his immolation.

Je continuai, selon mon habitude, à lui sourire en face, et il ne devinait pas que mon sourire désormais ne traduisait que la pensée de son immolation.

He had a weak point--this Fortunato--although in other regards he was a man to be respected and even feared.

Il avait un côté faible,—ce Fortunato,—bien qu'il fût à tous autres égards un homme à respecter, et même à craindre.

He prided himself on his connoisseurship in wine.

Il se faisait gloire d'être connaisseur en vins.

Few Italians have the true virtuoso spirit.

Peu d'Italiens ont le véritable esprit de connaisseur;

For the most part their enthusiasm is adopted to suit the time and opportunity-- to practise imposture upon the British and Austrian MILLIONAIRES.

leur enthousiasme est la plupart du temps emprunté, accommodé au temps et à l'occasion; c'est un charlatanisme pour agir sur les millionnaires anglais et autrichiens.

In painting and gemmary, Fortunato, like his countrymen, was a quack--but in the matter of old wines he was sincere.

In this respect I did not differ from him materially: I was skilful in the Italian vintages myself, and bought largely whenever I could.

It was about dusk, one evening during the supreme madness of the carnival season, that I encountered my friend.

He accosted me with excessive warmth, for he had been drinking much.

The man wore motley.

He had on a tight-fitting parti-striped dress, and his head was surmounted by the conical cap and bells.

I was so pleased to see him, that I thought I should never have done wringing his hand.

I said to him--"My dear Fortunato, you are luckily met.

How remarkably well you are looking to-day!

But I have received a pipe of what passes for Amontillado, and I have my doubts."

"How?"

said he. "Amontillado?

A pipe?

Impossible!

And in the middle of the carnival!"

"I have my doubts," I replied;

"and I was silly enough to pay the full Amontillado price without consulting you in the matter.

You were not to be found, and I was fearful of losing a bargain."

"Amontillado!"

"I have my doubts."

"Amontillado!"

En fait de peintures et de pierres précieuses, Fortunato, comme ses compatriotes, était un charlatan;—mais en matière de vieux vins il était sincère.

À cet égard, je ne différais pas essentiellement de lui; j'étais moi-même très-entendu dans les crus italiens, et j'en achetais considérablement toutes les fois que je le pouvais.

Un soir, à la brune, au fort de la folie du carnaval, je rencontrai mon ami.

Il m'accosta avec une très-chaude cordialité, car il avait beaucoup bu.

Mon homme était déguisé.

Il portait un vêtement collant et mi-parti, et sa tête était surmontée d'un bonnet conique avec des sonnettes.

J'étais si heureux de le voir que je crus que je ne finirais jamais de lui pétrir la main.

Je lui dis: —Mon cher Fortunato, je vous rencontre à propos.

—Quelle excellente mine vous avez aujourd'hui!

—Mais j'ai reçu une pipe d'amontillado, ou du moins d'un vin qu'on me donne pour tel, et j'ai des doutes.

—Comment?

—dit-il,—de l'amontillado?

Une pipe?

Pas possible!

—Et au milieu du carnaval!

—J'ai des doutes, répliquai-je,

—et j'ai été assez bête pour payer le prix total de l'amontillado sans vous consulter.

On n'a pas pu vous trouver, et je tremblais de manquer une occasion.

—De l'amontillado!

—J'ai des doutes.

—De l'amontillado!

"And I must satisfy them."

"Amontillado!"

"As you are engaged, I am on my way to Luchesi.

If any one has a critical turn, it is he.

He will tell me--" "Luchesi cannot tell Amontillado from Sherry."

"And yet some fools will have it that his taste is a match for your own."

"Come, let us go."

"Whither?"

"To your vaults."

"My friend, no; I will not impose upon your good nature.

I perceive you have an engagement.

Luchesi--" "I have no engagement;--come."

"My friend, no.

It is not the engagement, but the severe cold with which I perceive you are afflicted.

The vaults are insufferably damp.

They are encrusted with nitre."

"Let us go, nevertheless.

The cold is merely nothing.

Amontillado!

You have been imposed upon. And as for Luchesi, he cannot distinguish Sherry from Amontillado."

Thus speaking, Fortunato possessed himself of my arm.

Putting on a mask of black silk, and drawing a roquelaire closely about my person, I suffered him to hurry me to my palazzo.

There were no attendants at home; they had absconded to make merry in honor of the time.

I had told them that I should not return until the morning, and had given them

—Et je veux les tirer au clair.

—De l'amontillado!

—Puisque vous êtes invité quelque part, je vais chercher Luchesi.

Si quelqu'un a le sens critique, c'est lui.

Il me dira... —Luchesi est incapable de distinguer l'amontillado du xérès.

—Et cependant il y a des imbéciles qui tiennent que son goût est égal au vôtre.

—Venez, allons!

—Où?

—À vos caves.

—Mon ami, non; je ne veux pas abuser de votre bonté.

Je vois que vous êtes invité.

Luchesi... —Je ne suis pas invité;—partons!

—Mon ami, non.

Ce n'est pas la question de l'invitation, mais c'est le cruel froid dont je m'aperçois que vous souffrez.

Les caves sont insupportablement humides;

elles sont tapissées de nitre.

—N'importe, allons!

Le froid n'est absolument rien.

De l'amontillado!

On vous en a imposé.—Et quant à Luchesi, il est incapable de distinguer le xérès de l'amontillado.

En parlant ainsi, Fortunato s'empara de mon bras.

Je mis un masque de soie noire, et, m'enveloppant soigneusement d'un manteau, je me laissai traîner par lui jusqu'à mon palais.

Il n'y avait pas de domestiques à la maison; ils s'étaient cachés pour faire ripaille en l'honneur de la saison.

Je leur avais dit que je ne rentrerais pas avant le matin, et je leur avais donné

explicit orders not to stir from the house.

These orders were sufficient, I well knew, to insure their immediate disappearance, one and all, as soon as my back was turned.

I took from their sconces two flambeaux, and giving one to Fortunato, bowed him through several suites of rooms to the archway that led into the vaults.

I passed down a long and winding staircase, requesting him to be cautious as he followed.

We came at length to the foot of the descent, and stood together on the damp ground of the catacombs of the Montresors.

The gait of my friend was unsteady, and the bells upon his cap jingled as he strode.

"The pipe," said he.

"It is farther on," said I;

"but observe the white web-work which gleams from these cavern walls."

He turned towards me, and looked into my eyes

with two filmy orbs that distilled the rheum of intoxication.

"Nitre?"

he asked, at length. "Nitre," I replied.

"How long have you had that cough?"

"Ugh! ugh! ugh!--ugh! ugh!

My poor friend found it impossible to reply for many minutes.

"It is nothing," he said, at last.

"Come," I said, with decision, "we will go back; your health is precious.

You are rich, respected, admired,

---

l'ordre formel de ne pas bouger de la maison.

Cet ordre suffisait, je le savais bien, pour qu'ils décampassent en toute hâte, tous, jusqu'au dernier, aussitôt que j'aurais tourné le dos.

Je pris deux flambeaux à la glace, j'en donnai un à Fortunato, et je le dirigeai complaisamment, à travers une enfilade de pièces, jusqu'au vestibule qui conduisait aux caves.

Je descendis devant lui un long et tortueux escalier, me retournant et lui recommandant de prendre bien garde.

Nous atteignîmes enfin les derniers degrés, et nous nous trouvâmes ensemble sur le sol humide des catacombes des Montrésors.

La démarche de mon ami était chancelante, et les clochettes de son bonnet cliquetaient à chacune de ses enjambées.

—La pipe d'amontillado? dit-il.

—C'est plus loin, dis-je;

—mais observez cette broderie blanche qui étincelle sur les murs de ce caveau.

Il se retourna vers moi et me regarda dans les yeux

avec deux globes vitreux qui distillaient les larmes de l'ivresse.

—Le nitre?

—demanda-t-il à la fin. —Le nitre, répliquai-je.

—Depuis combien de temps avez-vous attrapé cette toux?

—Euh! euh! euh!—euh!

Il fut impossible à mon pauvre ami de répondre avant quelques minutes.

—Ce n'est rien,—dit-il enfin.

—Venez,—dis-je avec fermeté, allons-nous-en; votre santé est précieuse.

Vous êtes riche, respecté, admiré, aimé;

beloved; you are happy, as once I was.

You are a man to be missed.

For me it is no matter.

We will go back;

you will be ill, and I cannot be responsible.

Besides, there is Luchesi--" "Enough," he said; "the cough is a mere nothing; it will not kill me.

I shall not die of a cough."

"True--true," I replied; "and, indeed, I had no intention of alarming you unnecessarily--but you should use all proper caution.

A draught of this Medoc will defend us from the damps."

Here I knocked off the neck of a bottle which I drew from a long row of its fellows that lay upon the mould.

"Drink," I said, presenting him the wine.

He raised it to his lips with a leer.

He paused and nodded to me familiarly, while his bells jingled.

"I drink," he said, "to the buried that repose around us."

"And I to your long life."

He again took my arm, and we proceeded.

"These vaults," he said, "are extensive."

"The Montresors," I replied, "were a great and numerous family."

"I forget your arms."

"A huge human foot d'or, in a field azure; the foot crushes a serpent rampant whose fangs are imbedded in the heel."

"And the motto?"

"Nemo me impune lacessit."

---

vous êtes heureux, comme je le fus autrefois;

vous êtes un homme qui laisserait un vide.

Pour moi, ce n'est pas la même chose.

Allons-nous-en;

vous vous rendrez malade.

D'ailleurs, il y a Luchesi... —Assez, dit-il; la toux, ce n'est rien. Cela ne me tuera pas.

Je ne mourrai pas d'un rhume.

—C'est vrai, c'est vrai, répliquai-je, et en vérité je n'avais pas l'intention de vous alarmer inutilement; mais vous devriez prendre des précautions.

Un coup de ce médoc vous défendra contre l'humidité.

Ici j'enlevai une bouteille à une longue rangée de ses compagnes qui étaient couchées par terre, et je fis sauter le goulot.

—Buvez, dis-je, en lui présentant le vin.

Il porta la bouteille à ses lèvres, en me regardant du coin de l'œil. Il fit une pause, me salua familièrement (les grelots sonnèrent), et dit:

—Je bois aux défunts qui reposent autour de nous!

—Et moi, à votre longue vie!

Il reprit mon bras, et nous nous remîmes en route.

—Ces caveaux, dit-il, sont très-vastes.

—Les Montrésors, répliquai-je, étaient une grande et nombreuse famille.

—J'ai oublié vos armes.

—Un grand pied d'or sur champ d'azur; le pied écrase un serpent rampant dont les dents s'enfoncent dans le talon.

—Et la devise?

—Nemo me impune lacessit.

"Good!"

he said.

The wine sparkled in his eyes and the bells jingled.

My own fancy grew warm with the Medoc.

We had passed through walls of piled bones, with casks and puncheons intermingling, into the inmost recesses of the catacombs.

I paused again, and this time I made bold to seize Fortunato by an arm above the elbow.

"The nitre!"

I said: "see, it increases.

It hangs like moss upon the vaults.

We are below the river's bed.

The drops of moisture trickle among the bones.

Come, we will go back ere it is too late.

Your cough--" "It is nothing," he said; "let us go on.

But first, another draught of the Medoc."

I broke and reached him a flagon of De Grâve.

He emptied it at a breath.

His eyes flashed with a fierce light.

He laughed and threw the bottle upwards with a gesticulation I did not understand.

I looked at him in surprise.

He repeated the movement--a grotesque one.

"You do not comprehend?"

he said.

"Not I," I replied.

"Then you are not of the brotherhood."

"How?"

—Fort beau!

—dit-il.

Le vin étincelait dans ses yeux, et les sonnettes tintaient.

Le médoc m'avait aussi échauffé les idées.

Nous étions arrivés à travers des murailles d'ossements empilés, entremêlés de barriques et de pièces de vin, aux dernières profondeurs des catacombes.

Je m'arrêtai de nouveau, et cette fois je pris la liberté de saisir Fortunato par un bras, au-dessus du coude.

—Le nitre!

—dis-je; voyez, cela augmente.

Il pend comme de la mousse le long des voûtes.

Nous sommes sous le lit de la rivière.

Les gouttes d'humidité filtrent à travers les ossements.

Venez, partons, avant qu'il soit trop tard.

Votre toux... —Ce n'est rien, dit-il, continuons.

Mais, d'abord, encore un coup de médoc.

Je cassai un flacon de vin de Graves, et je le lui tendis.

Il le vida d'un trait.

Ses yeux brillèrent d'un feu ardent.

Il se mit à rire, et jeta la bouteille en l'air avec un geste que je ne pus pas comprendre.

Je le regardai avec surprise.

Il répéta le mouvement,—un mouvement grotesque.

—Vous ne comprenez pas?

—dit-il.

—Non, répliquai-je.

—Alors vous n'êtes pas de la loge.

—Comment?

"You are not of the masons."	—Vous n'êtes pas maçon.
"Yes, yes," I said, "yes, yes."	—Si! si! dis-je, si! si!
"You?	—Vous?
Impossible!	impossible!
A mason?"	vous maçon?
"A mason," I replied.	—Oui, maçon, répondis-je.
"A sign," he said.	—Un signe!—dit-il.
"It is this," I answered, producing a trowel from beneath the folds of my roquelaire.	—Voici, répliquai-je, en tirant une truelle de dessous les plis de mon manteau.
"You jest," he exclaimed, recoiling a few paces.	—Vous voulez rire, s'écria-t-il, en reculant de quelques pas.
"But let us proceed to the Amontillado."	—Mais allons à l'amontillado.
"Be it so," I said, replacing the tool beneath the cloak, and again offering him my arm.	—Soit, dis-je, en replaçant l'outil sous ma roquelaure, et lui offrant de nouveau mon bras.
He leaned upon it heavily.	Il s'appuya lourdement dessus.
We continued our route in search of the Amontillado.	Nous continuâmes notre route à la recherche de l'amontillado.
We passed through a range of low arches, descended, passed on, and descending again, arrived at a deep crypt, in which the foulness of the air caused our flambeaux rather to glow than flame.	Nous passâmes sous une rangée d'arceaux fort bas; nous descendîmes; nous fîmes quelques pas, et, descendant encore, nous arrivâmes à une crypte profonde, où l'impureté de l'air faisait rougir plutôt que briller nos flambeaux.
At the most remote end of the crypt there appeared another less spacious.	Tout au fond de cette crypte, on en découvrait une autre moins spacieuse.
Its walls had been lined with human remains, piled to the vault overhead, in the fashion of the great catacombs of Paris.	Ses murs avaient été revêtus avec les débris humains, empilés dans les caves au-dessus de nous, à la manière des grandes catacombes de Paris.
Three sides of this interior crypt were still ornamented in this manner.	Trois côtés de cette seconde crypte étaient encore décorés de cette façon.
From the fourth the bones had been thrown down, and lay promiscuously upon the earth, forming at one point a mound of some size.	Du quatrième les os avaient été arrachés et gisaient confusément sur le sol, formant en un point un rempart d'une certaine hauteur.
Within the wall thus exposed by the displacing of the bones, we perceived a still interior recess, in depth about four feet, in width three, in height six or seven.	Dans le mur, ainsi mis à nu par le déplacement des os, nous apercevions encore une autre niche, profonde de quatre pieds environ, large de trois, haute de six ou sept.

It seemed to have been constructed for no especial use in itself, but formed merely the interval between two of the colossal supports of the roof of the catacombs, and was backed by one of their circumscribing walls of solid granite.

It was in vain that Fortunato, uplifting his dull torch, endeavored to pry into the depths of the recess.

Its termination the feeble light did not enable us to see.

"Proceed," I said; "herein is the Amontillado.

As for Luchesi--" "He is an ignoramus," interrupted my friend, as he stepped unsteadily forward, while I followed immediately at his heels.

In an instant he had reached the extremity of the niche, and finding his progress arrested by the rock, stood stupidly bewildered.

A moment more and I had fettered him to the granite.

In its surface were two iron staples, distant from each other about two feet, horizontally.

From one of these depended a short chain, from the other a padlock.

Throwing the links about his waist, it was but the work of a few seconds to secure it.

He was too much astounded to resist.

Withdrawing the key I stepped back from the recess.

"Pass your hand," I said,

"over the wall; you cannot help feeling the nitre.

Indeed it is VERY damp.

Once more let me IMPLORE you to return.

No?

Elle ne semblait pas avoir été construite pour un usage spécial, mais formait simplement l'intervalle entre deux des piliers énormes qui supportaient la voûte des catacombes, et s'appuyait à l'un des murs de granit massif qui délimitaient l'ensemble.

Ce fut en vain que Fortunato, élevant sa torche malade, s'efforça de scruter la profondeur de la niche.

La lumière affaiblie ne nous permettait pas d'en apercevoir l'extrémité.

—Avancez, dis-je, c'est là qu'est l'amontillado.

Quant à Luchesi... —C'est un être ignare! —interrompit mon ami, prenant les devants et marchant tout de travers, pendant que je suivais sur ses talons.

En un instant, il avait atteint l'extrémité de la niche, et, trouvant sa marche arrêtée par le roc, il s'arrêta stupidement ébahi.

Un moment après, je l'avais enchaîné au granit.

Sur la paroi il y avait deux crampons de fer, à la distance d'environ deux pieds l'un de l'autre, dans le sens horizontal.

À l'un des deux était suspendue une courte chaîne, à l'autre un cadenas.

Ayant jeté la chaîne autour de sa taille, l'assujettir fut une besogne de quelques secondes.

Il était trop étonné pour résister.

Je retirai la clef, et reculai de quelques pas hors de la niche.

—Passez votre main sur le mur, dis-je;

—vous ne pouvez pas ne pas sentir le nitre.

Vraiment, il est très-humide.

Laissez-moi vous supplier une fois encore de vous en aller.

—Non?

Then I must positively leave you.	—Alors, il faut positivement que je vous quitte.
But I must first render you all the little attentions in my power."	Mais je vous rendrai d'abord tous les petits soins qui sont en mon pouvoir.
"The Amontillado!"	—L'amontillado!
ejaculated my friend, not yet recovered from his astonishment.	—s'écria mon ami, qui n'était pas encore revenu de son étonnement.
"True," I replied; "the Amontillado."	—C'est vrai, répliquai-je, l'amontillado.
As I said these words I busied myself among the pile of bones of which I have before spoken.	Tout en prononçant ces mots, j'attaquais la pile d'ossements dont j'ai déjà parlé.
Throwing them aside, I soon uncovered a quantity of building stone and mortar.	Je les jetai de côté, et je découvris bientôt une bonne quantité de moellons et de mortier.
With these materials and with the aid of my trowel, I began vigorously to wall up the entrance of the niche.	Avec ces matériaux, et à l'aide de ma truelle, je commençai activement à murer l'entrée de la niche.
I had scarcely laid the first tier of my masonry when I discovered that the intoxication of Fortunato had in a great measure worn off.	J'avais à peine établi la première assise de ma maçonnerie, que je découvris que l'ivresse de Fortunato était en grande partie dissipée.
The earliest indication I had of this was a low moaning cry from the depth of the recess.	Le premier indice que j'en eus fut un cri sourd, un gémissement, qui sortit du fond de la niche.
It was NOT the cry of a drunken man.	Ce n'était pas le cri d'un homme ivre!
There was then a long and obstinate silence.	Puis il y eut un long et obstiné silence.
I laid the second tier, and the third, and the fourth; and then I heard the furious vibrations of the chain.	Je posai la seconde rangée, puis la troisième, puis la quatrième; et alors j'entendis les furieuses vibrations de la chaîne.
The noise lasted for several minutes, during which, that I might hearken to it with the more satisfaction, I ceased my labors and sat down upon the bones.	Le bruit dura quelques minutes, pendant lesquelles, pour m'en délecter plus à l'aise, j'interrompis ma besogne et m'accroupis sur les ossements.
When at last the clanking subsided, I resumed the trowel, and finished without interruption the fifth, the sixth, and the seventh tier.	À la fin, quand le tapage s'apaisa, je repris ma truelle, et j'achevai sans interruption la cinquième, la sixième et la septième rangée.
The wall was now nearly upon a level with my breast.	Le mur était alors presque à la hauteur de ma poitrine.
I again paused, and holding the flambeaux over the mason-work, threw a	Je fis une nouvelle pause, et, élevant les flambeaux au-dessus de la maçonnerie, je

few feeble rays upon the figure within.

A succession of loud and shrill screams, bursting suddenly from the throat of the chained form, seemed to thrust me violently back.

For a brief moment I hesitated--I trembled.

Unsheathing my rapier, I began to grope with it about the recess: but the thought of an instant reassured me.

I placed my hand upon the solid fabric of the catacombs, and felt satisfied.

I reapproached the wall.

I replied to the yells of him who clamored.

I re-echoed--I aided--I surpassed them in volume and in strength.

I did this, and the clamorer grew still.

It was now midnight, and my task was drawing to a close.

I had completed the eighth, the ninth, and the tenth tier.

I had finished a portion of the last and the eleventh; there remained but a single stone to be fitted and plastered in.

I struggled with its weight;

I placed it partially in its destined position.

But now there came from out the niche a low laugh that erected the hairs upon my head.

It was succeeded by a sad voice, which I had difficulty in recognising as that of the noble Fortunato.

The voice said-- "Ha! ha! ha!--he! he!--a very good joke indeed--an excellent jest. We will have many a rich laugh about it at the palazzo--he! he! he!--over our wine--he! he! he!"

jetai quelques faibles rayons sur le personnage inclus.

Une suite de grands cris, de cris aigus, fit soudainement explosion du gosier de la figure enchaînée, et me rejeta pour ainsi dire violemment en arrière.

Pendant un instant j'hésitai,—je tremblai.

Je tirai mon épée, et je commençai à fourrager à travers la niche; mais un instant de réflexion suffit à me tranquilliser.

Je posai la main sur la maçonnerie massive du caveau, et je fus tout à fait rassuré.

Je me rapprochai du mur.

Je répondis aux hurlements de mon homme.

Je leur fis écho et accompagnement, je les surpassai en volume et en force.

Voilà comme je fis, et le braillard se tint tranquille.

Il était alors minuit, et ma tâche tirait à sa fin.

J'avais complété ma huitième, ma neuvième et ma dixième rangée.

J'avais achevé une partie de la onzième et dernière; il ne restait plus qu'une seule pierre à ajuster et à plâtrer.

Je la remuai avec effort;

je la plaçai à peu près dans la position voulue.

Mais alors s'échappa de la niche un rire étouffé qui me fit dresser les cheveux sur la tête.

À ce rire succéda une voix triste que je reconnus difficilement pour celle du noble Fortunato.

La voix disait: —Ha! ha! ha! Hé! hé! Une très-bonne plaisanterie, en vérité! une excellente farce! Nous en rirons de bon cœur au palais, hé! hé! de notre bon vin! hé! hé! hé!

"The Amontillado!" I said.

—De l'amontillado! —dis-je.

"He! he! he!--he! he! he!--yes, the Amontillado.

—Hé! hé! hé! hé! oui, de l'amontillado.

But is it not getting late?

Mais ne se fait-il pas tard?

Will not they be awaiting us at the palazzo, the Lady Fortunato and the rest?

Ne nous attendront-ils pas au palais, la signora Fortunato et les autres?

Let us be gone."

Allons-nous-en.

"Yes," I said, "let us be gone."

—Oui, dis-je, allons-nous-en.

"For the love of God, Montressor!"

—Pour l'amour de Dieu, Montrésor!

"Yes," I said, "for the love of God!"

—Oui, dis-je, pour l'amour de Dieu!

But to these words I hearkened in vain for a reply.

Mais à ces mots point de réponse; je tendis l'oreille en vain.

I grew impatient. I called aloud-- "Fortunato!"

Je m'impatientai. J'appelai très-haut: — Fortunato!

No answer.

Pas de réponse.

I called again-- "Fortunato!"

J'appelai de nouveau: —Fortunato!

No answer still.

Rien.

I thrust a torch through the remaining aperture and let it fall within.

—J'introduisis une torche à travers l'ouverture qui restait et la laissai tomber en dedans.

There came forth in return only a jingling of the bells.

Je ne reçus en manière de réplique qu'un cliquetis de sonnettes.

My heart grew sick--on account of the dampness of the catacombs.

Je me sentis mal au cœur,—sans doute par suite de l'humidité des catacombes.

I hastened to make an end of my labor.

Je me hâtai de mettre fin à ma besogne.

I forced the last stone into its position; I plastered it up.

Je fis un effort, et j'ajustai la dernière pierre; je la recouvris de mortier.

Against the new masonry I re-erected the old rampart of bones.

Contre la nouvelle maçonnerie je rétablis l'ancien rempart d'ossements.

For the half of a century no mortal has disturbed them.

Depuis un demi-siècle aucun mortel ne les a dérangés.

In pace requiescat!

In pace requiescat!

The Tell-Tale Heart - Le CŒur Révélateur

TRUE!--nervous--very, very dreadfully nervous I had been and am;

Vrai!—je suis très-nerveux, épouvantablement nerveux, je l'ai toujours été;

but why will you say that I am mad?

mais pourquoi prétendez-vous que je suis fou?

The disease had sharpened my senses--not destroyed--not dulled them.

La maladie a aiguisé mes sens, elle ne les a pas détruits,—elle ne les a pas émoussés.

Above all was the sense of hearing acute.

Plus que tous les autres, j'avais le sens de l'ouïe très-fin.

I heard all things in the heaven and in the earth.

J'ai entendu toutes choses du ciel et de la terre.

I heard many things in hell.

J'ai entendu bien des choses de l'enfer.

How, then, am I mad? Hearken!

Comment donc suis-je fou? Attention!

and observe how healthily--how calmly I can tell you the whole story.

Et observez avec quelle santé,—avec quel calme je puis vous raconter toute l'histoire.

It is impossible to say how first the idea entered my brain; but once conceived, it haunted me day and night.

Il est impossible de dire comment l'idée entra primitivement dans ma cervelle; mais, une fois conçue, elle me hanta nuit et jour.

Object there was none.

D'objet, il n'y en avait pas.

Passion there was none.

La passion n'y était pour rien.

I loved the old man.

J'aimais le vieux bonhomme.

He had never wronged me.

Il ne m'avait jamais fait de mal.

He had never given me insult.

Il ne m'avait jamais insulté.

For his gold I had no desire.

De son or je n'avais aucune envie.

I think it was his eye!

Je crois que c'était son œil!

yes, it was this!

oui, c'était cela!

He had the eye of a vulture--a pale blue eye, with a film over it.

Un de ses yeux ressemblait à celui d'un vautour,—un œil bleu pâle, avec une taie dessus.

Whenever it fell upon me, my blood ran cold;

Chaque fois que cet œil tombait sur moi, mon sang se glaçait;

and so by degrees--very gradually--I made up my mind to take the life of the old man, and thus rid myself of the eye forever.

et ainsi, lentement,—par degrés,—je me mis en tête d'arracher la vie du vieillard, et par ce moyen de me délivrer de l'œil à tout jamais.

Now this is the point.

You fancy me mad.

Madmen know nothing.

But you should have seen me.

You should have seen how wisely I proceeded--with what caution--with what foresight--with what dissimulation I went to work!

I was never kinder to the old man than during the whole week before I killed him.

And every night, about midnight, I turned the latch of his door and opened it--oh so gently!

And then, when I had made an opening sufficient for my head, I put in a dark lantern, all closed, closed, that no light shone out, and then I thrust in my head.

Oh, you would have laughed to see how cunningly I thrust it in!

I moved it slowly--very, very slowly, so that I might not disturb the old man's sleep.

It took me an hour to place my whole head within the opening so far that I could see him as he lay upon his bed.

Ha!

would a madman have been so wise as this?

And then, when my head was well in the room, I undid the lantern cautiously--oh, so cautiously -- cautiously (for the hinges creaked)--I undid it just so much that a single thin ray fell upon the vulture eye.

And this I did for seven long nights--every night just at midnight--but I found the eye always closed; and so it was impossible to do the work; for it was not the old man who vexed me, but his Evil

Maintenant, voici le hic!

Vous me croyez fou.

Les fous ne savent rien de rien.

Mais si vous m'aviez vu!

Si vous aviez vu avec quelle sagesse je procédai! avec quelle précaution avec quelle prévoyance, avec quelle dissimulation je me mis à l'œuvre!

Je ne fus jamais plus aimable pour le vieux que pendant la semaine entière qui précéda le meurtre.

Et, chaque nuit, vers minuit, je tournais le loquet de sa porte, et je l'ouvrais,—oh! si doucement!

Et alors, quand je l'avais sûrement entrebâillée pour ma tête, j'introduisais une lanterne sourde, bien fermée, bien fermée, ne laissant filtrer aucune lumière; puis je passais la tête.

Oh! vous auriez ri de voir avec quelle adresse je passais ma tête!

Je la mouvais lentement,—très, très-lentement, de manière à ne pas troubler le sommeil du vieillard.

Il me fallait bien une heure pour introduire toute ma tête à travers l'ouverture, assez avant pour le voir couché sur son lit.

Ah!

un fou aurait-il été aussi prudent?

—Et alors, quand ma tête était bien dans la chambre, j'ouvrais la lanterne avec précaution, oh! avec quelle précaution, avec quelle précaution! car la charnière criait. Je l'ouvrais juste pour qu'un filet imperceptible de lumière tombât sur l'œil de vautour.

Et cela, je l'ai fait pendant sept longues nuits, chaque nuit juste à minuit; mais je trouvai toujours l'œil fermé; et ainsi il me fut impossible d'accomplir l'œuvre; car ce n'était pas le vieux homme qui me

Eye.

And every morning, when the day broke, I went boldly into the chamber, and spoke courageously to him, calling him by name in a hearty tone, and inquiring how he has passed the night.

So you see he would have been a very profound old man, indeed, to suspect that every night, just at twelve, I looked in upon him while he slept.

Upon the eighth night I was more than usually cautious in opening the door.

A watch's minute hand moves more quickly than did mine.

Never before that night had I felt the extent of my own powers--of my sagacity.

I could scarcely contain my feelings of triumph.

To think that there I was, opening the door, little by little, and he not even to dream of my secret deeds or thoughts.

I fairly chuckled at the idea; and perhaps he heard me; for he moved on the bed suddenly, as if startled.

Now you may think that I drew back--but no.

His room was as black as pitch with the thick darkness, (for the shutters were close fastened, through fear of robbers,) and so I knew that he could not see the opening of the door, and I kept pushing it on steadily, steadily.

I had my head in, and was about to open the lantern, when my thumb slipped upon the tin fastening, and the old man sprang up in bed, crying out--"Who's there?"

vexait, mais son mauvais œil.

Et, chaque matin, quand le jour paraissait, j'entrais hardiment dans sa chambre, je lui parlais courageusement, l'appelant par son nom d'un ton cordial et m'informant comment il avait passé la nuit.

Ainsi, vous voyez qu'il eût été un vieillard bien profond, en vérité, s'il avait soupçonné que, chaque nuit, juste à minuit, je l'examinais pendant son sommeil.

La huitième nuit, je mis encore plus de précaution à ouvrir la porte.

La petite aiguille d'une montre se meut plus vite que ne faisait ma main.

Jamais, avant cette nuit, je n'avais senti toute l'étendue de mes facultés,—de ma sagacité.

Je pouvais à peine contenir mes sensations de triomphe.

Penser que j'étais là, ouvrant la porte, petit à petit, et qu'il ne rêvait même pas de mes actions ou de mes pensées secrètes!

À cette idée, je lâchai un petit rire; et peut-être l'entendit-il, car il remua soudainement sur son lit comme s'il se réveillait.

Maintenant, vous croyez peut-être que je me retirai,—mais non.

Sa chambre était aussi noire que de la poix, tant les ténèbres étaient épaisses,—car les volets étaient soigneusement fermés, de crainte des voleurs,—et, sachant qu'il ne pouvait pas voir l'entrebâillement de la porte, je continuai à la pousser davantage, toujours davantage.

J'avais passé ma tête, et j'étais au moment d'ouvrir la lanterne, quand mon pouce glissa sur la fermeture de fer-blanc, et le vieux homme se dressa sur son lit, criant: —Qui est là?

I kept quite still and said nothing.

For a whole hour I did not move a muscle, and in the meantime I did not hear him lie down.

He was still sitting up in the bed listening;--just as I have done, night after night, hearkening to the death watches in the wall.

Presently I heard a slight groan, and I knew it was the groan of mortal terror.

It was not a groan of pain or of grief--oh, no! -

it was the low stifled sound that arises from the bottom of the soul when overcharged with awe.

I knew the sound well.

Many a night, just at midnight, when all the world slept, it has welled up from my own bosom, deepening, with its dreadful echo, the terrors that distracted me.

I say I knew it well.

I knew what the old man felt, and pitied him, although I chuckled at heart.

I knew that he had been lying awake ever since the first slight noise, when he had turned in the bed.

His fears had been ever since growing upon him.

He had been trying to fancy them causeless, but could not.

He had been saying to himself--"It is nothing but the wind in the chimney--it is only a mouse crossing the floor," or "It is merely a cricket which has made a single chirp."

Yes, he had been trying to comfort himself with these suppositions: but he had found all in vain.

All in vain; because Death, in

Je restai complètement immobile et ne dis rien.

Pendant une heure entière, je ne remuai pas un muscle, et pendant tout ce temps je ne l'entendis pas se recoucher.

Il était toujours sur son séant, aux écoutes;—juste comme j'avais fait pendant des nuits entières, écoutant les horloges-de-mort dans le mur.

Mais voilà que j'entendis un faible gémissement, et je reconnus que c'était le gémissement d'une terreur mortelle.

Ce n'était pas un gémissement de douleur ou de chagrin;—oh! non,

—c'était le bruit sourd et étouffé qui s'élève du fond d'une âme surchargée d'effroi.

Je connaissais bien ce bruit.

Bien des nuits, à minuit juste, pendant que le monde entier dormait, il avait jailli de mon propre sein, creusant avec son terrible écho les terreurs qui me travaillaient.

Je dis que je le connaissais bien.

Je savais ce qu'éprouvait le vieux homme, et j'avais pitié de lui, quoique j'eusse le rire dans le cœur.

Je savais qu'il était resté éveillé, depuis le premier petit bruit, quand il s'était retourné dans son lit.

Ses craintes avaient toujours été grossissant.

Il avait tâché de se persuader qu'elles étaient sans cause, mais il n'avait pas pu.

Il s'était dit à lui-même: Ce n'est rien, que le vent dans la cheminée; ce n'est qu'une souris qui traverse le parquet ; ou: c'est simplement un grillon qui a poussé son cri.

—Oui, il s'est efforcé de se fortifier avec ces hypothèses; mais tout cela a été vain.

Tout a été vain, parce que la Mort qui

approaching him had stalked with his black shadow before him, and enveloped the victim.

And it was the mournful influence of the unperceived shadow that caused him to feel--although he neither saw nor heard--to feel the presence of my head within the room.

When I had waited a long time, very patiently, without hearing him lie down, I resolved to open a little--a very, very little crevice in the lantern.

So I opened it--you cannot imagine how stealthily, stealthily--until, at length a simple dim ray, like the thread of the spider, shot from out the crevice and fell full upon the vulture eye.

It was open--wide, wide open--and I grew furious as I gazed upon it.

I saw it with perfect distinctness--all a dull blue, with a hideous veil over it

that chilled the very marrow in my bones; but I could see nothing else of the old man's face or person: for I had directed the ray as if by instinct, precisely upon the damned spot.

And have I not told you that what you mistake for madness is but over-acuteness of the sense?--now, I say, there came to my ears a low, dull, quick sound, such as a watch makes when enveloped in cotton.

I knew that sound well, too.

It was the beating of the old man's heart.

It increased my fury, as the beating of a drum stimulates the soldier into courage.

But even yet I refrained and kept still.

I scarcely breathed.

s'approchait avait passé devant lui avec sa grande ombre noire, et qu'elle avait ainsi enveloppé sa victime.

Et c'était l'influence funèbre de l'ombre inaperçue qui lui faisait sentir, quoiqu'il ne vît et n'entendît rien, qui lui faisait sentir la présence de ma tête dans la chambre.

Quand j'eus attendu un long temps très-patiemment, sans l'entendre se recoucher, je me résolus à entrouvrir un peu la lanterne, mais si peu, si peu que rien.

Je l'ouvris donc,—si furtivement, si furtivement que vous ne sauriez imaginer, jusqu'à ce qu'enfin un seul rayon pâle, comme un fil d'araignée, s'élançât de la fente et s'abattît sur l'œil de vautour.

Il était ouvert,—tout grand ouvert,—et j'entrai en fureur aussitôt que je l'eus regardé.

Je le vis avec une parfaite netteté,—tout entier d'un bleu terne et recouvert d'un voile hideux

qui glaçait la moelle dans mes os; mais je ne pouvais voir que cela de la face ou de la personne du vieillard; car j'avais dirigé le rayon, comme par instinct, précisément sur la place maudite.

Et maintenant, ne vous ai-je pas dit que ce que vous preniez pour de la folie n'est qu'une hyperacuité des sens? Maintenant, je vous le dis, un bruit sourd, étouffé, fréquent vint à mes oreilles, semblable à celui que fait une montre enveloppée dans du coton.

Ce son-là, je le reconnus bien aussi.

C'était le battement du cœur du vieux.

Il accrut ma fureur, comme le battement du tambour exaspère le courage du soldat.

Mais je me contins encore, et je restai sans bouger.

Je respirais à peine.

I held the lantern motionless.

I tried how steadily I could maintain the ray upon the eve.

Meantime the hellish tattoo of the heart increased.

It grew quicker and quicker, and louder and louder every instant.

The old man's terror must have been extreme!

It grew louder, I say, louder every moment!--do you mark me well I have told you that I am nervous: so I am.

And now at the dead hour of the night, amid the dreadful silence of that old house, so strange a noise as this excited me to uncontrollable terror.

Yet, for some minutes longer I refrained and stood still.

But the beating grew louder, louder!

I thought the heart must burst.

And now a new anxiety seized me--the sound would be heard by a neighbour!

The old man's hour had come!

With a loud yell, I threw open the lantern and leaped into the room.

He shrieked once--once only.

In an instant I dragged him to the floor, and pulled the heavy bed over him.

I then smiled gaily, to find the deed so far done.

But, for many minutes, the heart beat on with a muffled sound.

This, however, did not vex me; it would not be heard through the wall.

At length it ceased.

The old man was dead.

I removed the bed and examined the

Je tenais la lanterne immobile.

Je m'appliquais à maintenir le rayon droit sur l'œil.

En même temps, la charge infernale du cœur battait plus fort;

elle devenait de plus en plus précipitée, et à chaque instant de plus en plus haute.

La terreur du vieillard devait être extrême!

Ce battement, dis-je, devenait de plus en plus fort à chaque minute!—Me suivez-vous bien? Je vous ai dit que j'étais nerveux; je le suis en effet.

Et maintenant, au plein cœur de la nuit, parmi le silence redoutable de cette vieille maison, un si étrange bruit jeta en moi une terreur irrésistible.

Pendant quelques minutes encore je me contins et restai calme.

Mais le battement devenait toujours plus fort, toujours plus fort!

Je croyais que le cœur allait crever.

Et voilà qu'une nouvelle angoisse s'empara de moi:—le bruit pouvait être entendu par un voisin!

L'heure du vieillard était venue!

Avec un grand hurlement j'ouvris brusquement la lanterne et m'élançai dans la chambre.

Il ne poussa qu'un cri,—un seul.

En un instant, je le précipitai sur le parquet, et je renversai sur lui tout le poids écrasant du lit.

Alors je souris avec bonheur voyant ma besogne fort avancée.

Mais pendant quelques minutes, le cœur battit avec un son voilé.

Cela toutefois ne me tourmenta pas; on ne pouvait l'entendre à travers le mur.

À la longue, il cessa.

Le vieux était mort.

Je relevai le lit, et j'examinai le corps.

corpse.

Yes, he was stone, stone dead.	Oui, il était roide, roide mort.
I placed my hand upon the heart and held it there many minutes.	Je plaçai ma main sur le cœur, et l'y maintins plusieurs minutes.
There was no pulsation.	Aucune pulsation.
He was stone dead.	Il était roide mort.
His eye would trouble me no more.	Son œil désormais ne me tourmenterait plus.
If still you think me mad, you will think so no longer when I describe the wise precautions I took for the concealment of the body.	Si vous persistez à me croire fou, cette croyance s'évanouira quand je vous décrirai les sages précautions que j'employai pour dissimuler le cadavre.
The night waned, and I worked hastily, but in silence.	La nuit avançait, et je travaillai vivement, mais en silence.
First of all I dismembered the corpse. I cut off the head and the arms and the legs.	Je coupai la tête, puis les bras, puis les jambes.
I then took up three planks from the flooring of the chamber, and deposited all between the scantlings.	Puis j'arrachai trois planches du parquet de la chambre, et je déposai le tout entre les voliges.
I then replaced the boards so cleverly, so cunningly, that no human eye--not even his--could have detected any thing wrong.	Puis je replaçai les feuilles si habilement, si adroitement, qu'aucun œil humain—pas même le sien!—n'aurait pu y découvrir quelque chose de louche.
There was nothing to wash out--no stain of any kind--no blood-spot whatever.	Il n'y avait rien à laver, pas une souillure, pas une tache de sang.
I had been too wary for that. A tub had caught all--ha! ha!	J'avais été trop bien avisé pour cela. Un baquet avait tout absorbé,—ha! ha!
When I had made an end of these labors, it was four o'clock--still dark as midnight.	Quand j'eus fini tous ces travaux, il était quatre heures,—il faisait toujours aussi noir qu'à minuit.
As the bell sounded the hour, there came a knocking at the street door.	Pendant que le timbre sonnait l'heure, on frappa à la porte de la rue.
I went down to open it with a light heart,--for what had I now to fear?	Je descendis pour ouvrir, avec un cœur léger,—car qu'avais-je à craindre maintenant?
There entered three men, who introduced themselves, with perfect suavity, as officers of the police.	Trois hommes entrèrent qui se présentèrent, avec une parfaite suavité, comme officiers de police.
A shriek had been heard by a neighbour during the night; suspicion of foul play had been aroused; information had been	Un cri avait été entendu par un voisin pendant la nuit; cela avait éveillé le soupçon de quelque mauvais coup: une

lodged at the police office, and they (the officers) had been deputed to search the premises.

I smiled,--for what had I to fear? I bade the gentlemen welcome.

The shriek, I said, was my own in a dream.

The old man, I mentioned, was absent in the country.

I took my visitors all over the house.

I bade them search--search well.

I led them, at length, to his chamber.

I showed them his treasures, secure, undisturbed.

In the enthusiasm of my confidence, I brought chairs into the room, and desired them here to rest from their fatigues, while I myself, in the wild audacity of my perfect triumph, placed my own seat upon the very spot beneath which reposed the corpse of the victim.

The officers were satisfied.

My manner had convinced them.

I was singularly at ease.

They sat, and while I answered cheerily, they chatted of familiar things.

But, ere long, I felt myself getting pale and wished them gone.

My head ached, and I fancied a ringing in my ears: but still they sat and still chatted.

The ringing became more distinct:--It continued and became more distinct:

I talked more freely to get rid of the feeling: but it continued and gained

---

dénonciation avait été transmise au bureau de police, et ces messieurs (les officiers) avaient été envoyés pour visiter les lieux.

Je souris,—car qu'avais-je à craindre? Je souhaitai la bienvenue à ces gentlemen.

—Le cri, dis-je, c'était moi qui l'avais poussé dans un rêve.

Le vieux bonhomme, ajoutai-je, était en voyage dans le pays.

Je promenai mes visiteurs par toute la maison.

Je les invitai à chercher, à bien chercher.

À la fin, je les conduisis dans sa chambre.

Je leur montrai ses trésors, en parfaite sûreté, parfaitement en ordre.

Dans l'enthousiasme de ma confiance, j'apportai des sièges dans la chambre, et les priai de s'y reposer de leur fatigue, tandis que moi-même, avec la folle audace d'un triomphe parfait, j'installai ma propre chaise sur l'endroit même qui recouvrait le corps de la victime.

Les officiers étaient satisfaits.

Mes manières les avaient convaincus.

Je me sentais singulièrement à l'aise.

Ils s'assirent, et ils causèrent de choses familières auxquelles je répondis gaiement.

Mais, au bout de peu de temps, je sentis que je devenais pâle, et je souhaitai leur départ.

Ma tête me faisait mal, et il me semblait que les oreilles me tintaient; mais ils restaient toujours assis, et toujours ils causaient.

Le tintement devint plus distinct;—il persista et devint encore plus distinct;

je bavardai plus abondamment pour me débarrasser de cette sensation; mais elle

definiteness--until, at length, I found that the noise was not within my ears.

No doubt I now grew VERY pale;--but I talked more fluently, and with a heightened voice.

Yet the sound increased -- and what could I do?

It was a low, dull, quick sound--much such a sound as a watch makes when enveloped in cotton.

I gasped for breath--and yet the officers heard it not.

I talked more quickly--more vehemently; but the noise steadily increased.

I arose and argued about trifles, in a high key and with violent gesticulations; but the noise steadily increased.

Why would they not be gone?

I paced the floor to and fro with heavy strides, as if excited to fury by the observations of the men--but the noise steadily increased.

Oh God!

what could I do?

I foamed--I raved--I swore!

I swung the chair upon which I had been sitting, and grated it upon the boards, but the noise arose over all and continually increased.

It grew louder -- louder -- louder!

And still the men chatted pleasantly, and smiled.

Was it possible they heard not?

Almighty God! -

no, no! They heard!--

tint bon et prit un caractère tout à fait décidé,—tant qu'à la fin je découvris que le bruit n'était pas dans mes oreilles.

Sans doute je devins alors très-pâle;—mais je bavardais encore plus couramment et en haussant la voix.

Le son augmentait toujours,—et que pouvais-je faire?

C'était un bruit sourd, étouffé, fréquent, ressemblant beaucoup à ce que ferait une montre enveloppée dans du coton.

Je respirai laborieusement, les officiels n'entendaient pas encore.

Je causai plus vite,—avec plus de véhémence; mais le bruit croissait incessamment.

—Je me levai, et je disputai sur des niaiseries, dans un diapason très-élevé et avec une violente gesticulation; mais le bruit montait, montait toujours.

—Pourquoi ne voulaient-ils pas s'en aller?

—J'arpentai çà et là le plancher lourdement et à grands pas, comme exaspéré par les observations de mes contradicteurs; mais le bruit croissait régulièrement.

Ô Dieu!

que pouvais-je faire?

J'écumais,—je battais la campagne—je jurais!

j'agitais la chaise sur laquelle j'étais assis, et je la faisais crier sur le parquet; mais le bruit dominait toujours, et croissait indéfiniment.

Il devenait plus fort, plus fort! toujours plus fort!

Et toujours les hommes causaient, plaisantaient et souriaient.

Était-il possible qu'ils n'entendissent pas?

Dieu tout-puissant!

—Non, non! Ils entendaient!

they suspected!--they knew!--	—ils soupçonnaient! ils savaient,
they were making a mockery of my horror!-	—ils se faisaient un amusement de mon effroi!
this I thought, and this I think.	—je le crus, et je le crois encore.
But anything was better than this agony!	Mais n'importe quoi était plus tolérable que cette dérision!
Anything was more tolerable than this derision!	
I could bear those hypocritical smiles no longer!	Je ne pouvais pas supporter plus longtemps ces hypocrites sourires!
I felt that I must scream or die!	Je sentis qu'il fallait crier ou mourir !
and now--again!--hark!	—et maintenant encore, l'entendez-vous? écoutez!
louder!	plus haut!
louder!	—plus haut!
louder!	—toujours plus haut!
louder!	—toujours plus haut!
"Villains!"	Misérables!
I shrieked, "dissemble no more!	—m'écriai-je, ne dissimulez pas plus longtemps!
I admit the deed!--	J'avoue la chose!
tear up the planks! here, here!--	—arrachez ces planches! c'est là! c'est là!
It is the beating of his hideous heart!"	—, c'est le battement de son affreux cœur!

Please send an email to **maisonusher@forum-sprachen-lernen.com** with the subject "**Usher En-Fr**" to receive:

- **a download link for a free audiobook**

- **the Anki Deck for learning the most important vocabulary**.

We will not pass on your contact information to a third party.

The audiobook helps you to listen to the story repeatedly. **This way, you quickly enhance your listening comprehension, pronunciation as well as expand the vocabulary on the go**.

If you want to further improve your language skills, other books using the same alignment are:

English – French:

The Picture of Dorian Gray (with Audio) (Mystery, Psychological Thriller)

The Snow Queen (Fairy Tale by H.C. Andersen)

English – German:

The Red-Headed League (A Sherlock Holmes mystery)

Alice in Wonderland (Children's classic book)

The Wonderful Adventures of Nils (Adventure of Nils Holgersson with the wild geese)

The Snow Queen (Fairy Tale by H.C. Andersen)

The Picture of Dorian Gray (Mystery, Psychological Thriller)

A Christmas Carol (Classic world literature by Charles Dickens)

English – Italian

Alice in Wonderland (Children's classic book)

Printed in Great Britain
by Amazon

38427353R00045